빛과
마음 그림을
그리다

빛과 마음 그림을 그리다
류영렬 수필집

1판 1쇄 인쇄/ 2017년 7월 20일
1판 1쇄 발행/ 2017년 7월 25일

지은이 / 류 영 렬
펴낸이 / 우 희 정
펴낸곳 / 도서출판 소소리

등록 / 제300-2007-21호
주소 03073 서울 종로구 성균관5길 39-16
전화 ‖ (02) 765-5663, 010-4265-5663
e-mail : sosori39@hanmail.net
www.sosori.net

값 12,000 원

*잘못된 책은 바꿔드립니다.

ISBN 979-11-5891-078-5   03810

빛과 마음 그림을 그리다

류영렬 수필집

■ 책을 내면서

첫 수필집
『호수 위에 섬 하나』에 이어
십여 년 만에
『빛과 마음 그림을 그리다』라는 표제로
두 번째 수필집을 세상에 내놓습니다.

2003년도 공직에서 은퇴 후
그동안 어쭙잖게
빛 그림(사진)과 마음 그림(수필)을 그려 온 지
올해로 어느새 열네 번째
연두색 나뭇잎이 고운 봄과
태어난 지 일흔 해를 맞았습니다.

"우린 늙어가는 것이 아니라,
조금씩 익어가는 겁니다."라고

가수 노사연이
열창하던 노랫말이 기억납니다.

나도
그렇게 야금야금 익어가다 보니
인생이야 중숙(中熟) 정도는 더 되었겠지만
빛과 마음 그림 솜씨는 아직도 떫기만 합니다.
그러하기에 부끄럽습니다.
하지만, 내 마음 그림 한 권이
세상에 빛을 보게 되었다는 것만큼은
더없이 행복합니다.

2017년 5월
봄내 대룡산이 보이는 서재에서

저자 물뫼

▷ 차 례

▷ 책을 내면서

1. 생각의 차이

빈 집 —·12
여름 예찬 —·16
유 혹 —·20
윤회 매 —·24
피 한 —·28
있을 때 잘해 —·32
달빛 고향 산길 —·34
크리스마스 선인장 꽃 —·39
생각의 차이 —·43
택 배 —·47
반전 생각 —·49
빛과 마음 그림을 그리다 —·53
깎을까, 자를까 —·57
까막딱따구리 —·59

2. 산책길 사람들

청딱따구리 —· 64
잃어버린 고무신짝 때문에 —· 68
산책길 사람들 —· 71
팔봉산 —· 74
가리산 —· 78
금학산 —· 83
발우공양 —· 89
문자로 쓴 내 얼굴 —· 95
문자 검문소 —· 99
손가락이 찍은 웃음 —· 103
균 형 —· 107
지못미 —· 110
반 잔의 찻잔 —· 114

3. 마음 다스리기

화 석 — · 120
사기 전화 — · 124
이화마을 굴다리 — · 128
마음 다스리기 — · 132
약속 안 된 기다림 — · 136
감동가족 — · 140
기다림 — · 144
한 송이 꽃을 보기 위해 — · 148
언어습관 — · 152
숫자세기 — · 155
알쏭한 청첩장 — · 159
마음을 열어놓고 사는 집 — · 162
복권 맞은 기분 — · 166
특이한 두 권의 책 — · 170

4. 색깔 다른 잎사귀

「토지」와 박경리 선생 ─ · 176
횡 재 ─ · 181
이 십 ─ · 185
훼방꾼에게 당한 날 ─ · 189
점 액 ─ · 192
얼굴값도 못하는 간판 ─ · 197
촌놈 도시적응 신고식 ─ · 200
황당한 의사 ─ · 204
따로서기 ─ · 207
공선옥 작가와의 만남 ─ · 209
색깔 다른 잎사귀 ─ · 213
하 루 ─ · 217
곁눈질 ─ · 223
밥솥이 두 개인 이유 ─ · 226

1.
생각의 차이

빈 집

　매봉산 등산을 나섰다. 외딴 마을, 묵정밭 귀퉁이에 추레한 집 한 채가 오도카니 홀로 서 있다. 뜰에는 흐드러지게 핀 개망초꽃만이 나그네를 반기는 듯하다. 빈집 머리에는 힘겨운 듯 퇴락해가는 슬레이트를 모자인 양 뒤집어쓰고 있다. 문짝은 앞가슴 풀어헤치듯 떨어졌고 군데군데 떨어져 나간 흙벽 사이로 얼기설기 엮은 수수깡이 갈비뼈처럼 앙상하게 보인다. 제멋대로 생긴 통나무기둥 하며 지붕 아래 서까래와 대들보가 거무튀튀하게 찌들었다. 만만찮은 세월의 흔적을 엿보게 한다. 방바닥 구들장은 여기저기 금이 간 얼음장 깨지듯 했다. 아래 윗방 사이에는 문기둥만이 덩그러니 남아 칸막이벽이 있었음을 짐작하게 한다. 부엌의 진흙 부뚜막에는 두 개의 솥이 걸렸던 자리가 마치 머리뼈의 퀭한 모습을 보는 것 같아 움찔했다. 본채와 조금 떨어진 산기슭 쪽으로는 다 허물어져 가는 측간 한 채가 그나마 외로운 빈집의 동무를 해주고 있다.

언제였을지 모를 이곳이 한때는 단란했던 한 가정의 보금자리였으리라. 귀여운 아가의 울음소리가 노래처럼 들렸을 것이며 꼬마들의 조잘대는 소리가 개울물 흘러가듯 했을 것이다. 가족들의 행복한 웃음소리는 함박꽃처럼 피어 그 향기가 담을 넘었겠지. 하지만 그들은 다 어디로 가고 지금은 이렇게 조용한 침묵만이 흐르는가. 공동묘지에 즐비하게 누워있는 망자도 저마다 사연이 있듯이 떠나가 버린 빈집의 주인은 또 어떠한 사연이 있었을까? 빈집은 그 사연을 토종닭 알 품듯 하고 있으니 알 길 없다. 빈자리란 외롭고 황량한 것이다. 하물며 사람이 머물다간 빈자리야 오죽이나 애잔하고 무인도처럼 적막하겠는가.
　하루갈이는 실이 됨직한 빈집 앞 묵정밭에는 온갖 잡초가 농작물 대신 점령군처럼 차지하고 자기네 세상이라고 희희낙락거리고 있다. 이를 내려다보고 있는 나무숲 울창한 뒷산은 나무라거나 미워하지 않고 빈집과 묵정밭 잡초까지 모두를 제 새끼처럼 품고 있다.
　빈집 주변에는 저들마다 충직한 수문장이라도 되는 양 과일나무들이 둘러싸고 있다. 뒤란에 서 있는 밤나무 아래에는 생명 없는 지렁이처럼 시든 밤 꽃송이가 나뒹굴고 있다. 낙엽이 뚜껑처럼 덮고 있는 샘터 옆 앵두나무는 어느새 그 빨갛고 예쁜 열매를 누구에게 빼앗겼는지 새치름하다. 그 허전한 마음을 남에게 들킬세라 푸른 잎사귀로 온몸을 감싸고 있다. 흙 마당 귀퉁이 개복숭아나무에는 도토리만 한 파란 열매가 조롱조롱하다. 그 옆으론 나무 가운데 잎은 비록 제일 늦게 피지만 열매만큼은 가장 먼저 맛보인다는 대추나무가 꼿꼿하게 서 있다. 예부터 단단하기로 이름나 도장 원목으로 쓰이기도 한 그 기품이 엿보인다. 유난히 반들반들 윤기 도는 대추나무 이파리를 지나는 골바람이 심심한 듯 살랑살랑 흔들어 보며 장난을 친다.

예전 살던 집주인이 누구였는지는 알 수 없으나 그들이 살았을 때 모습이 아련히 눈앞에 밑그림처럼 그려진다. 천진난만한 꼬마들은 계절 따라 주변 과일나무를 그림자처럼 따라다녔으리라. 봄에는 앵두를 여름철은 복숭아를 맛보았을 것이고 가을이면 빨갛게 익어 떨어진 대추나 밤톨을 하나~아, 두~울, 세에~ 엣 숫자를 세며 주워 먹었을 테지.

밤나무를 보니 나그네의 어린 시절이 아삼아삼하다. 집 옆에는 한 세기는 됐음 직한 아름드리 밤나무 한 그루가 장군처럼 우뚝 서 있었다. 밤송이는 해마다 튼실하게 잘 달려 가을이면 알밤 줍는 재미가 쏠쏠했다. 밤나무 자신은 인간에게 아무것도 받는 것이 없건만 그는 무한정 베풀기만 했다. 평소에는 늦잠 자던 꼬마였지만 알밤 떨어지는 계절이 되면 누구보다 먼저 일어난다. 깨우지 않아도 이른 아침 눈곱을 단 채 밤나무 아래로 쪼르르 달려가곤 했다. 바람 불던 어떤 날은 알밤이 까까 머리통을 '콩' 하고 내리 때려도 아랑곳없이 그저 신바람이 났다. 알밤 줍는 재미에 빠져 고만한 아픔 쯤은 묻혀버리기 일쑤다. 그래서 꼬마는 바람 부는 날이 좋았다.

빈집 댓돌에 걸터앉아 잡초 우거진 마당을 물끄러미 내려다본다. 아이들의 재잘대는 말소리가 이명처럼 들리는 것 같다. 흙 마당에서 동무들과 땅따먹기, 딱지치기, 구슬치기하던 어렸을 적 바로 자신의 모습이 아스라이 겹쳐 보이는 듯하다. 자리를 돌려 앉아 빈집을 쳐다보고 있으려니 그가 마치 사람의 일생과도 비슷하다. 열정과 의욕이 넘쳐났던 젊은 시절은 바람같이 지나가 버리고 겨울나무 같은 노년기를 맞는다. 자식들은 모두 출가나 분가로 제 갈 길 가 버리고 남은 건 알밤 빠진 밤송이처럼 모록한 노부부만 남기 때문이다.

빈집은 언제나 두 그리움을 껴안고 산다. 그중 하나는 빈집 뒷문으로 빠져나간 옛 추억을 반추한 그리움이며, 또 하나는 빈집 앞문을 통해 바라보는 희망의 그리움이다. 바로 언제인가는 돌아올 주인을 기다리는 마음에서다.

적막한 산골짜기에 갑자기 장끼 한 마리가 '꿔~엉!' 하며 비상을 한다. 이 소리에 화들짝 놀라 나그네는 자리를 털고 일어섰다. 발걸음은 산행길을 재촉해 보건만 눈길은 자꾸 빈집을 뒤돌아본다.

(2007. 7)

*모록하다: 늙어빠지다.

여름 예찬

 계절은 어느새 한여름 속으로 미끄러지듯 진입했다. 작열하는 태양을 껴안은 하늘을 통째 이고 산행을 나섰다. 길섶에 피었던 봄꽃은 어느샌가 속절없이 지고 여름꽃이 방긋방긋 지나는 사람마다 눈맞춤을 한다. 파란색 이파리 속에서 흰 눈 날리듯 피어있는 '할미밀망꽃'과, 묵정밭 귀퉁이에 흐드러지게 핀 '개망초꽃'이 그랬으며, 앙바틈한 '땅비싸리꽃'은 보라색 얼굴을 나 좀 보란 듯 반짝 쳐든 모습이 그러했다.
 눈앞에 펼쳐진 여름은 온통 초록 세상이다. 온갖 식물들이 태양의 빛 에너지를 듬뿍 받아 저마다 활기가 넘친다. 푸름이 짙다 못해 멍이라도 든 듯 검푸르기만 하다. 산행길에서 만나는 이마다 얼굴에는 저마다 땀방울이 송골송골 맺힌 상태로 열심히들 걷고 있다. 마치 군 병사들이 도보 행군이라도 하듯. 몸은 어느새 땀으로 속옷을 적시고 이마에 흐르는 땀이 빗방울처럼 떨어져도 역시 뜨거운 햇살이 쏟아지는 이 여름을 나는 좋아한다.

사계절은 인간의 삶과도 같다. 봄은 나뭇가지에서 파랗게 새잎을 틔고 나와 자라는 나무의 성장 과정이 마치 사람의 유·소년기로 비유할 수 있을 것이다.

그런가 하면 여름은 한창 역동적으로 활동하는 젊은 청, 장년기로 볼 수 있다. 이 시기에 모든 식물이 왕성하게 성장하기 때문이다. 또한, 계절 중에 뜨거운 여름 없이는 결실의 가을이 있을 수 없다. 사람의 삶도 그러하리라. 무더운 여름날 같은 젊은 시절의 고생 없이 노년기의 행복이 뒤따를 수 있겠는가.

한여름 된더위에는 뜨거운 햇살을 미워할 때도 있을 것이다. 하지만 제아무리 더운 여름이라 할지라도 참외밭에 예쁜 처녀같이 생긴 참외 얼굴 데었다는 소리 들어보는가. 그리고 달빛 아래 마당 귀퉁배기에서 소피보다 들킨 아낙네 엉덩이 같은 수박밭에 수박덩이가 햇볕 때문에 화상 입었다는 얘기 들어본 적 없다. 그러하기에 아무리 심한 더위라도 결코 참을 만한 것이다. 여름날 햇볕은 원망의 대상이 아니라 고마운 존재다. 논밭에 곡식을 살찌우기 때문이다. 그뿐만이 아니다. 여름은 가난한 사람들에게는 더없이 고마운 계절이다. 겨울철에 난방비 걱정하는 주부의 주름살은 볼 수 있어도 여름철 난방비 걱정하는 사람 어디 있으랴. 냉방비야 여유 있는 집에서나 할 걱정일 뿐이지만.

여름은 낭만의 계절이기도 하다. 한여름에 해수욕장을 가보라. 그곳에서는 어부가 그물에서 막 건져 올린 싱싱한 생선같이 생기발

랄한 젊은이들을 볼 때면 살맛이 나지 않든가. 이런 해수욕장의 풍경이 여름의 꽃이다. "아, 역시 여름은 아름답다!"라는 감탄사가 절로 나온다. 여름철이면 흔히들 말로는 더위를 피해 휴가를 간다지만, 기실 따지고 보면 여름을 맞으러 가는 것이다. 한여름으로 더 깊이 들어가는 것이 피서의 생태이기 때문이다. 그러하기에 뜨거운 태양 아래 바닷가나 계곡을 찾는 것만으로도 이 아니 여름이 즐겁지 않다고 할 수 있을까.

예전의 풍류객도 여름을 예찬했다. 조선시대 화가 윤선도는 보길도 세연정에서 지은 「어부사시가(漁夫四時歌)」 하사(夏詞)에서 첫여름의 아름다운 풍경 속에 낚시질 나서는 어부의 흥취가 절로 넘치고 있음을 엿볼 수 있다. 그뿐인가. 고려말 조선 초의 명재상 맹사성은 「강호사시가(江湖四時歌)」에서 '대자연에 여름이 깊어가니 초당에 있는 나에게 할 일이 없다. 더위를 잊게 해 주려는 듯 미덥게 느껴지는 푸른 강물은 시원한 바람을 보내는구나.'라며 여름을 노래했다.

여름 예찬은 비단 옛사람뿐이랴. 요즘 젊은 층에서 폭발적인 인기를 누리는 동방신기의 노래 'Hi ya ya 여름날'이란 가사에서도 '눈 부신 태양 아래, 그대와 단둘이서 작은 배낭을 메고 함께 길을 떠나요. … 여름날 우리 추억을 평생 간직해'라고 목청을 돋우고 있지 아니한가. 이렇듯 여름은 결코 옛사람이나 현대인을 막론하고 낭만의 계절이며, 꿈이 있고 생동감이 활어처럼 팔딱거리는 계절임이 틀림없다.

가을은 흔히 말하듯 수확의 계절이요, 풍요의 계절임에는 분명하다. 또한, 가을은 화려한 산 단풍의 아름다움 때문에 나도 젊은 시절 한때는 이 가을을 좋아했었다. 하지만 가을은 조락(凋落)의 계절이기도 하다. 그러하기에 나이를 먹으니 덩달아 가을이 싫어지는 것이었다. 가을은 인생에서도 퇴역을 앞둔 중년기이며 다가오는 겨울을 거부할 수 없는 스산한 계절이기 때문일 것이다.

 겨울은 마치 인생의 노년기라고 말할 수 있다. 겨울이 일 년을 마감하는 계절이듯, 인생 또한 젊은 날을 뒤돌아보고 서서히 긴 여행을 떠날 마음의 준비를 하는 시기가 아닐까. 이렇듯 겨울은 쓸쓸한 계절이요. 아쉬움의 계절이다. 그래서 나는 겨울 또한 싫어한다.

 누가 뭐래도 나는 사계절 중 뜨거운 열정 넘치는 여름이 좋다. 그러하기에 난 오늘도 노래하듯 중얼거려 본다. 하하(夏夏) 호호(好好)라고.

(2007. 6)

*앙바틈하다: 작달막하고 딱 바라져 있다.
*조락: 초목의 잎 따위가 시들어 떨어짐.

유 혹

 '반짝' 내 시선을 사로잡는 것이 있었다. 달리는 승용차 옆 유리를 통해 본 그의 모습이 매우 아름다웠다. 아침 햇살을 받아 물고기 비늘보다 더욱 빛이 났다. 그는 바로 초록 숲속에 한 떨기 흰 꽃이었다. 이를 본 순간 흰 철쭉꽃이나 박꽃을 연상하였으며 찔레꽃 떨기를 떠올려 보기도 했다. 그런가 하면 흰나비 무리가 군무하는 모습을 상상하기도 하였다. 저토록 아름다운 흰 꽃 떨기를 보고 그냥 지나칠 수 없었다. 자동차를 갓길에 잠시 주차하고 호기심과 기대에 찬 심정으로 도로변 산기슭에 있는 그곳을 가까이 다가가서 확인하였다. 아뿔싸. 이럴 수가! 그것은 꽃이 아닌 나무 잎사귀가 흰 꽃처럼 보였던 것이다. 착시 현상이었나? 다시 한 번 살펴보았지만, 거기엔 흰색 이파리만이 바람결에 팔랑거리고 있었다. 속았다. 감쪽같이 현혹되고 만 것이었다.
 이 나무가 궁금했다. 그는 다름 아닌 '개다래나무'란 것이다. '다래나무 과에 속하는 낙엽 활엽덩굴나무. 잎은 달걀꼴 길둥근 모양으로 어긋남. 꽃은 지름이 1.5cm로 흰색인데 6~7월에 핀다.'라고 식물도감은 친절하게 가르쳐 준다. 그러나 궁금증은 풀리지 않았다. 왜 나무의 본래 잎은 녹색인데 반해 가지 끝부분의 일부 잎만 그것도 겉만 흰색으로 변하는 것이냐는 거다. 잠시 생각에 잠겨본다. 이 지역을 지난주에도 지나갔었건만 이처럼 흰 꽃으로 보이지는 않았었다. 그렇다면, 갑자기 이 시기에 이런 변신을 한 것은 무슨 연유에서일까? 고개를 갸웃거리며 나뭇가지를 들추어 세밀하게 관찰해보았다.

과연, 거기에는 수줍은 듯 덜 여문 옥수수알갱이만 한 피기 직전의 꽃망울을 꽃자루마다 세 개씩 매단 채 있지 아니한가. 아, 바로 이것이었구나! 손뼉을 탁 치듯 떠오르는 것이 있었다. 이를 나름대로 유추해본다. 흰 꽃처럼 보인 잎사귀의 변형은 바로 '유혹'을 위한 변신이다. 이는 곧 벌이나 나비를 유혹하여 수정하기 위한 몸짓이다. 그렇다. 개다래나무는 분명코 '유혹'을 한 것이다. 그러나 그의 유혹은 속(俗)되거나 천박하지 않았으며 잠적(潛寂)하면서도 신성한 유혹이었다. 하지만 개다래나무는 왜 유혹이란 방법을 써야만 했을까? 고구마 줄기 같은 의문이 꼬리를 문다.

그는 어느 것 하나 내세울 만한 게 없기 때문일 것이다. 이웃하고 있는 소나무처럼 헌칠한 키에 멋진 나무도 아니다. 꽃 또한 변변치 못해 이 시기에 피는 땅비싸리, 조록싸리, 산수국, 엉겅퀴, 개망초, 하늘나리, 꽃창포, 기린초꽃처럼 화려하거나 뛰어나게 예쁘지도 못하다. 또한, 자신의 혼자 힘만으로는 홀로서기조차 어려운 누군가 남을 의지해야만 성장할 수 있는 덩굴나무가 아닌가. 이렇듯 자신의 보잘것없는 처지로서는 벌, 나비의 사랑을 독차지할 수 없었을 것이다. 이 때문에 선의로 평범한 경쟁만으로서는 도저히 남을 따라잡을 수 없는 열세라는 것을 너무나 자신이 잘 알고 있다. 그러하기에 자신의 몸 일부를 혼불로 태워 색깔을 변화시킨 것이리라. 이 어찌 감격스럽지 아니한가.

 더욱 놀라운 것은 가지 끝부분의 세 잎 정도만 흰 꽃 같은 백색으로 변한다는 사실이다. 떨기 전체의 잎이 모두 흰색이라면 그가 어찌 꽃같이 보이겠는가. 그러나 하고많은 색깔 중에 하필이면 왜 흰색을 택했을까? 하지만 그는 탁월한 선택을 한 것이다. 바로 흰색깔은 이른 아침에 더욱 선명하게 돋보인다. 이 점을 허투루 보아서는 안 된다. 이는 벌, 나비가 이른 아침 다른 예쁜 꽃으로 가기 전에 자신의 곁으로 불러들이려는, 즉 남보다 한발 빠른 선점욕의 속셈이 아니고 무엇이겠는가. '일찍 일어나는 새가 더욱 많은 먹이를 찾는다.'는 진리와 맥을 같이한다. 생각이 여기에 이르자 참으로 종족 번식을 위한 놀라운 지혜에 다시 한 번 감탄을 하게 된다.

 이토록 슬기롭기만 한 나무를 왜 '개다래나무'라 하였는가. '개'라면 '성질이 못된 사람'을 비유하는 말로 쓰인다. '개다래나무'는 정말 이렇게 못된 나무일까? 갈고리 같은 의문부호를 낳는다. 백과사전에 의하면, 개다래나무는 널리 한방약재로 쓰인다. 잎은 목천료(木天蓼)로, 뿌리는 목천료근(木天蓼根)이라 부른다. 이는 몸을 따뜻하게 하고 염증을 없애주며 혈액순환을 돕는다. 어디 그뿐인가. 열매는 생김새가 긴 타원형으로 끝이 뾰족하다. 맛은 혀를 찌르는듯 하며 달지 않다. 이 때문에 생으로 먹을 수는 없으나 목천료자(木天蓼子)라 하여 달이거나 분말로 만들어 또는 술을 빚어 복용한다. 효능으로는 강장, 보온, 복통, 중풍, 여성의 냉증 치료약제로 쓰이며 통증을 억제하는 뛰어난 효과가 있다 한다. 이렇듯 인간에게 유용한 식물임에도 그의 열매를 생으로 먹지 못한다는 이유만으로 못된 '개'자를 이름 앞에 붙인 것이다. 하지만 개다래나무는 의연했다. 자신의 이름에 '개'자를 붙이건 '소'자를 넣든 좋고 나쁨에 연연하지 않았다. 그저 오늘도 묵묵히 자신의 꿈을 펼치기 위한 벌, 나비를 유혹하고 있을 뿐이다. 자신의 선천적 악조건을 슬기롭게 극복하려는 의지와 어떤 불이익을 당해도 결코 남을 탓하지 않는 마음가짐이 어찌 샘물보다 깨끗하며 꽃보다 아름답다 하지 않겠는가.

 그토록 아름답게 보였던 환상적인 흰 꽃떨기가 결국, 참모습은 아니었다. 하지만, 나는 꽃보다 더 아름다움을 보았고, 아름다움보다 더 소중한 깨우침을 얻었다. 다시금 개다래나무 '유혹'의 몸짓이 귀엽다는 생각이 든다. 입가에는 슬며시 웃음꽃이 피어나고 있다.

(2007. 6)

*잠적: 고요하고 적막하다

윤 회 매

  그를 처음 본 건 열흘 전, 국립춘천박물관에서였다. 국립중앙박물관이 순회 특별전으로 「조선청화 푸른빛에 물들다」라는 주제로 열린 전시장이다. 몇 백 년의 세월을 거슬러 올라가 조선왕조시대에 제작 사용되었던 청화백자 유물 200여 점이 전시되었다. 입구부터 청화백자 하나하나를 감상하면서 전시장을 돌던 중 나의 발걸음은 딱 멈추고 말았다.
  바로 아담한 백자 달항아리에 꽂혀 있던 홍매 한 점이 내 눈길을 사로잡았기 때문이다. 그야말로 첫눈에 반하고 만 것이다. 매화 나뭇가지를 보니 마치 깎아지른 듯한 절벽에서 오랜 세월 풍파를 견디어내고 살아온 느낌이 온다. 여기에 앙증맞게도 송이송이 달린 색감 좋은 붉은 매화 송이가 하나같이 모두 귀엽다. 매화 나뭇가지는 두 가지가 뻗어 있는데 마치 춤을 추고 있는 여인의 춤사위를 닮은 듯하다. 왜냐하면, 왼쪽 가지는 아래로 향하다 끝부분에서는 살짝 위를 향하고 있다. 우측 가지는 하늘을 찌를 듯이 위를 향하다 끝부분이 살며시 오른쪽으로 꺾여있는 모습이었으니 말이다. 실물이 아닌 정말 한 폭의 그림을 보고 있는 듯한 착각 속에 빠져들게 한다. 이렇듯 아름다운 매화에 취해 넋을 잃고 감상하다 잠시 정신 가다듬고 자세히 관찰해보니 조매(造梅)가 아닌가. 아니 이럴수가…. 하지만, 그 섬세함과 정교함에 놀라지 않을 수 없었다.

원래 홍매화 꽃잎은 다섯 장으로 모양은 달걀형이다. 생김새가 복사꽃을 닮았으며 수술은 많고 씨방에는 빽빽한 털이 나는데 이 실물과 거의 흡사하다. 인간의 손끝에서 탄생한 저 가냘프고 아름다운 선이 살아있는 매화가 조화라니 믿어지지 않는다. 이 순간 나는 정말 진한 감동으로 인해 가슴이 먹먹하였다. 이 매화는 밀랍으로 만들어졌고 꽃 수술은 노루의 털로 끝에 노란색 황을 묻혀 완성했다 한다. '윤회 매(輪廻 梅)'란 벌이 꽃에서 꽃가루를 물어다 꿀을 만들고 그 꿀에서 밀랍이 생긴다. 그 밀랍으로 다시 매화가 탄생했으니 이렇게 돌고 도는 과정이 마치 '윤회'의 이치와 같다고 하여 붙여진 이름이란다. 다소 불교적인 사상에서 나온 단어이긴 하나 그 이름이 탄생한 과정이야 어찌 되었든 간에 나는 이 홍매화에 내 마음을 몽땅 빼앗기고 말았다.

이 윤회 매를 처음 만든 사람은 조선 정조 때 북학파 실학자였던 청장관 이덕무(1741~1793)란 분이다. 이덕무 선생은 서얼로 관직에 나가지 못하고 초야에 묻힌 서민이었으나 정조 임금 때 발탁되어 규장각 검서관이 되었다. 가세가 빈곤에 쪼들리면서도 책으로 그 배고픔과 한겨울 추위를 달랬으므로 책만 보는 바보라는 칭호로 간서치라 불릴 정도로 올곧고 정갈한 선비였다 한다.

윤회 매는 조선 시대에 차를 마시는 찻 자리에 놓고 서로 취미로 즐기며 구경하기 위해 만들어진 차의 문화 소산의 하나인 차꽃 구실을 했던 것으로 생각된다. 그러나 아쉽게도 그토록 아름다운 이덕무 선생이 만든 윤회 매는 유물로 현시대에 남아있는 것이 없다. 다만 그의 저서 문집「청장관 전서」에 수록된「윤회매십전」에 글로서 남아있을 뿐이다. 이 소중한 자료를 찾아 연구와 수많은 실험을 거쳐 '윤회 매'를 완벽하게 재현한 분이 있다.

바로 그가 국립중앙박물관 조선청화백자 순회 특별전에 윤회 매 작품을 직접 만들어 출품한 김창덕 작가다. 이 작가는 실명보다 다음(茶愔)이란 호로 더 잘 알려졌다. 그의 '다음'이란 호에서 풍기는 글자에서도 얼추 짐작할 수 있듯이 그는 전라북도 남원 출신으로 열네 살에 출가했다. 한때 범어사를 거쳐 태안사 등 조계종의 큰 절집에서 큰 스님을 모시던 승려였다. 결국, 출가했을 당시 나이의 햇수만큼 승려생활을 하다 그의 나이 서른 즈음 파계하고 다시 환속한다. 그는 절집에 들어간 십 대 무렵부터 오묘한 차 맛에 흠뻑 빠져 오늘날까지 차를 항상 곁에 두고 즐긴다고 한다. 차를 워낙 좋아하는 그는 차 문헌을 찾다가 우연히 이덕무 선생이 밀랍으로 윤회 매를 만들었다는 것을 알게 된다. 그는 윤회 매에 깊은 관심을 두고 이덕무의 문집「청장관전서」에 수록된「윤회매십전」을 읽고 또 읽고 내용을 필사까지 해가며 다시 해석하고 연구하면서 윤회 매 만드는 방법을 외롭게 혼자서 익혔다. 다행인 것은 책에는 윤회 매를 만들게 된 연유뿐만 아니었다. 만드는 방법과 삽화까지도 곁들어 상세하게 기록되어 윤회 매를 재현하는데 큰 도움이 되었다 한다. 그러나 표본이 되는 설명서가 제아무리 자세하게 기록되었다 한들 몇 백 년 전의 실물을 직접 보지 못한 상태에서 이를 재현하기란 어디 쉬운 일이겠는가. 남다르게 불타는 집념과 타고난 솜씨를 최대한 발휘한 결과물의 소산이리라. 그가 만약 이 힘들고 어려운 과정을 겪지 않았다면 오늘의 그토록 아름다운 윤회 매는 영영 캄캄한 역사 속에 숨어있지 않았을까 싶다.

이덕무 선생은 꽃이란 피었다가 얼마 못 가서 지고 마는 것이 아쉬워 윤회 매를 만들었다 한다. 하지만, 나는 박물관 순회 특별 전시장에서 본 윤회 매를 카메라로 담아왔다. 비록 사진상이긴 하나 노력 없이 감상하려니 이덕무 선생과 김창덕 작가에게 고마움과 미안함이 교차한다. 그러나 윤회 매는 나에게 영원한 마음속 아름다운 즐거움으로 간직될 것이다. (2005. 1)

*서얼: 본부인이 아닌 여자나 첩에게서 난 아들과 그 자손.

피 한

"여보! 피한 갑니다."

우리 집 마누라는 무슨 소린지 알아듣지도 못할 이 한마디를 현관 안으로 고무신짝 내던지듯 하고는 쪼르르 문을 닫고 나갑니다. 피한 이라! 내 원 세상에 70여 평생을 살았어도 피란을 간다거나 피서를 간다는 소린 들어보았어도 '피한' 간다는 소릴 처음 듣습니다. 서재에 있다 이 소릴 듣고 고개를 돌려 "뭐라고?" 되물어보지만 마누라는 어느새 아파트 엘리베이터를 타고 저만치 아래층으로 내려가는 소리만 들립니다. 궁금해서 냅다 전화를 걸어 "방금 어딜 간다는 소리야?" 해봅니다. "비밀." 그러곤 전화를 뚝 끊어 버립니다.

도대체 '피한'이 뭔 소리람? 이 단어가 궁금해 곧장 인터넷 사전을 두드립니다. 거기에는 친절하게도 '따뜻한 곳으로 옮겨 추위를 피함'이라고 설명하고 있습니다. 어허! 나는 요기서 그만 살짝 섭섭해집니다. 그렇다 치면 남편은 추위에 얼어 죽든 말든 자신만 혼자 살자고 후다닥 도망을 갔다는 거네.

고백하건대 우리 집이 겨울철에 좀 따뜻하게 지내는 정도는 못되지만 그렇다고 추워서 견디지 못할 정도는 아니랍니다. 이런 상황에서 피한을 가는 마누라는 약삭빠르고 추운 방안에 쭈그리고 앉아 있는 나는 순식간에 바보 곰탱이가 됩니다. 그러나 가장으로서 할 말은 없습니다. 난방이 중앙집중식 아파트에 사는 어느 친구 녀석은 겨울철이라 해도 러닝 바람에 지낸다고 언제인가? 술좌석에서 자랑삼아 떠벌리던 말이 생각납니다. 그러나 우리 집은 겨울철이면 내복을 입고 살기 때문입니다. 이제는 나이 탓도 있겠지만, 십여 년 전만 해도 아무리 추운 겨울철에 외출할 때도 내복이란 것을 몰랐는데 이젠 평상시는 물론 잠자리에 들 때도 내복을 벗지 못합니다. 따뜻하지 못한 실내 환경에 맞추어 살다 보니 어쩔 수 없이 습관화돼 버린 것이지요.

겨울철이 되면 마누라는 입버릇처럼 "못 살겠다! 추워서. 난방에 문제 있다. 보일러 좀 돌리고 살자!"고 외칩니다. 이쯤 되면 피켓만 안 들었을 뿐이지 시위를 하는 게 분명하지요. 폭력이나 과격시위를 안 하는 게 다행입니다. 그때마다 나는 턱도 없는 소리 하지 말라고 입을 막습니다. 그 이유로는 나도 할 말이 있습니다. 직장에서 퇴직이란 것을 하고 자유인이 된 지 열두 해가 되었지요. 그동안 우리 집 형편이 풍족하지는 않지만 그나마 연금으로 큰 어려움 없이 지내고 있답니다. 해마다 연초에 정부가 정해준 연금 범위 내에서 가계를 운영하다 보니 늘 마음은 그렇지 않은데 행동은 좀

생이가 됩니다. 더욱이 2016년도부터는 공무원연금법 개정으로 향후 5년간 연금액이 동결되었답니다. 이런 상황이니 겨울철이면 춥다고 난방을 무한정 가동하지 못하는 것은 당연하지요. 요건 마누라도 인정합니다. 왜냐하면, 내가 직장생활을 할 때는 경제권을 마누라가 꿰차고 있다가 보너스도 없이 별 볼 일 없는 연금생활을 하게 되니 경제권을 큰 인심 쓰듯 남편에게 조건 없이 양도했기 때문입니다. 그러니까 '갑·을' 관계에서 내가 졸지에 허울 좋은 '갑'의 위치가 되었답니다. 그러하기에 누구보다도 마누라는 우리 집 가계 형편을 손금 들여다보듯 하지요. 겨울철 가계비에서 무시하지 못할 비중을 차지하고 있는 것이 난방비지요. 이 난방 보일러가 때론 널뛰기 가동을 합니다. 나는 기온이 크게 낮지 않을 때는 하루 두 번, 12시간에 30분씩 가동하도록 고정해 놓았지만, 마누라가 혼자 집에 있을 때는 살짝 무한정 가동이 되지요. 그러다 내가 외출에서 돌아올 시간이 되면 언제 그랬느냐는 듯 슬쩍 원상복구 모드로 된다는 것을 나는 안 봐도 알고 있답니다. 그러면서도 마누라는 우리 집은 '난방에 문제 있다.'고 오늘처럼 '피한'을 외치며 무단가출(?)로 시위 감도 안 되는 시위를 하곤 합니다.

　마누라는 피한을 끝내고 저녁때가 다 되어 씩씩하게 장군처럼 돌아왔습니다. 그런 그에게 어디로 피한을 다녀왔느냐고 슬쩍 물어봅니다. "뭐 기껏해야 사우나 아니면 찜질방이나 갔다 왔겠지."라면서요. 그러나 마누라는 정색을 합니다. "어이구 용돈이라도 충분히 주면서 사우나 찜질방이라도 갔다 왔느냐고 물어보시지." 마누라는 콧방귀를 뀌면서도 이내 털어놓고 맙니다. 다름 아닌 아파트 부근에 있는 'O'미용실엘 다녀왔다네요. 그곳엘 가면 난로가 있어 실내가 훈훈해서 좋고요. 거기다, 이웃 아줌마들도 여기저기서 모여와 심심치 않게 시간 보내기 딱 맞는 다네요. 하기야 나 같은 백수에 삼식이 남편을 둔 아줌마들이 어디 내 마누라뿐일까요. 그러니 서로들 코드가 맞아 남편을 마치 오징어나 땅콩으로 삼고 오죽이나 질겅질겅 씹을까 싶어요.

 하지만 가장으로서 아니 우리 집 '갑'의 입장에서 '을'에게 양심이 쪼끔 찔리긴 하네요. 난방비 아끼려다 미용실에서 불청객으로 눈칫밥을 먹는 건 아닌지 모르겠어요. 그러나 어쩌겠습니까. 이게 다 나 혼자 잘 먹고 잘살자는 건 아니잖습니까.

 그래서 말입니다. 이쯤에서 나도 마누라가 써먹는 피한 방법을 한 번쯤 생각해 봐야 할 것 같습니다. 그렇다면 나는 어떤 식으로 피한해야 하나? 나이 먹어 녹슬 대로 녹슨 머릴 쥐어짜 봅니다. 이때 전등에 깜빡 불이 들어오듯 묘안이 떠오릅니다. 그래! 마누라 피한가는 시간, 나는 산으로 걷기운동을 다녀오면 되겠다 싶습니다. 그러면 난방비도 아끼고 건강도 챙기게 되겠지요. 요것이 바로 한 번 던진 낚시에 두 마리 물고기를 낚은 격이 아니겠어요.

 내일부터는 마누라가 "피한 갑니다."라고 하면 나도 벌떡 일어나 따라나설 겁니다. "나도."라면서요.   (2015. 10)

있을 때 잘해

　어금니가 아파 치과 의원에 갔다. 치주염이 생겨 발치해야 한다기에 깊은 생각 없이 두 대를 뽑았다. 이를 뽑은 자리에 시술할 때 고통이 적으며 기간도 단축된다는 내비게이션 임플란트 시술을 받기로 했다. 시술 전, 설명 듣기로는 간단한 줄 알았다. 이를 뽑은 후 예상치 못한 이런저런 일로 9개월 동안 무려 43회의 외래진료 끝에 임플란트 식립이 완료되었다. 만만치 않은 시술비에 어렵사리 식립한 임플란트가 만능은 아니다. 사후 관리를 잘 해주지 않으면 재 시술받을 수 있으며 자연치에 비하면 단점도 있음은 염두에 두어야 한다.
　오른쪽 어금니의 임플란트 시술이 거의 끝나갈 무렵이다. 왼쪽 어금니 한 대가 잇몸이 부어오르고 양치를 할 때면 약간의 피가 나는 등 통증까지 수반하는 풍치가 생겼다. 임플란트 시술을 하던 치과 의원에서는 이 치아마저 뽑으라고 권고하는 것이다.
　치아 발치 예약일이 임박해 오자 불안했다. 다시 지긋지긋한 임플란트 시술받기가 걱정되었기 때문이다. 생각 끝에 다른 치과 의원에서 진료를 받아 보기로 하였다. 여기저기 기웃거리다. 들어간 'ㄴ치과' 의원에서는 깜짝 놀랄 반전의 처방이 나왔다. 바로 '자연치아 아끼기 운동'을 전개하는 곳이다. 말 그대로 될 수 있으면 이를 뽑지 않고 최선의 치료방법으로 자연치아를 살린다는 것이다. 결국, 몇 주의 치료 끝에 풍치 어금니는 살아났다. 중증 치주염이었지만 잇몸 속의 치아 뿌리에 깊게 박힌 치석과 염증조직을 간단한 수술로 제거한 결과다. 그 후 통증도 사라지고 별다른 탈 없이 치아를 잘 쓰고 있다. 이런 소중한 자연치를 하마터면 또 잃어버릴 뻔했지 아니한가.

내 어금니를 살려준 ㄴ치과 의원 원장이 준 명함 상단에는 이런 문구가 인쇄되어 있었다.

'치과는 아프다고 이를 뽑는 곳이 아닙니다.'

우리 생활주변에는 수많은 치과 의료기관이 산재해 있다. 이 가운데 진정 환자 입장에서 걱정해 주는 곳이 과연 몇이나 될까 생각하게 한다. 치료만 잘한다고 명의는 아닐 것이다. 바로 명의란 환자의 마음마저 읽고 어떤 방법이 환자를 위한 것인지 현명한 처방을 내린 의사가 진정한 명의가 아닐까 한다.

내 몸에서 영구 퇴출당한 두 대의 어금니를 생각하면 후회스럽다. 평소 치아관리를 잘 해주지 못한 탓이다. 하지만 이미 저질러진 일이니 어찌하랴. 나의 이런 꼴을 처음부터 지켜보고 있던 입안에 나머지 치아들이 오늘 밤 꿈속에서 이런 충고를 하지 않을까 싶다. "있을 때 잘해!"라고.

(2016. 1)

달빛 고향 산길

 산의 자태 수려하고 골이 깊으니 물이 많아 '수산(水山)리'라 했다. 우리나라 시골풍경치고 산자 수려하며 물 좋은 곳이 어디 한두 곳이겠는가. 그래서일까. 국내에 '수산리'라는 동리 이름을 가진 곳이 모두 열여덟 곳이나 된다.
 강원도에는 두 곳이 있는데 양양군에 한곳과 춘천시 북산면에 어머니 품속과도 같은 내 고향 수산리가 있었다. 소양강 다목적댐 공사 당시 북산면이 중심이 되어 6개면 38개 동리가 잠수하므로 인공 소양호가 탄생하였다. 이때 북산면은 식솔을 데리고 소양호 건너에 새살림을 차렸지만 수산리는 행정구역 개편이란 명목으로 1973년 7월 1일 날 선택의 여지없이 '인제군 남면' 문패를 단 집에 입적(入籍)되고 말았다.
 수산리는 새로운 '남면'가(家)의 소재지인 신남리에서 남·서 방향으로 10㎞ 정도 떨어진 곳에 주봉산인 해발 800m 매봉산 기슭에 자리 잡고 있다. 이곳은 주변 네 곳의 시·군과 인접하고 있다. 동쪽으로는 인제군이 남으로는 홍천군, 서쪽으로는 춘천시가 북으로는 양구군이 서로 마치 사랑스러운 제 새끼인 양 껴안고 있다.

수산리 속으로 들어가 본다. 첫 번째 대하는 덕거리 마을이 방문객을 두 팔 벌려 환영이라도 하듯 양 갈래 길이 나온다. 오른쪽으로 가면 샘말골로 소양호로 갈 수 있는 길이 열려있다. 왼쪽 들머리로 조금 들어가면 수백 년 된 소나무 십여 그루가 동리 어귀에 수문장처럼 턱 버티고 있다. 이곳이 예전에 학이 춤을 추며 노닐던 곳이라 하여 '무학동'이라 불리는 마을이다. 오른쪽 산 밑 양지바른 곳에는 집 서너 채가 옹기종기 자리 잡고 있는데 이곳은 옛날 조부님이 사시던 집터라 한다. 그 앞에는 오밀조밀하게 다랑논이 나란히 손을 잡듯 펼쳐져 있다. 여기가 바로 내가 태어난 곳이다. 집터는 이미 수십 년 전에 없어지고 논배미만 보인다. 그곳을 어렸을 적 부모님과 함께 찾을 때면 아버지는 손으로 논의 한쪽을 가리키며 어림잡아 "저기쯤이 네가 태어난 집터가 있던 곳이다."라고 일러주시곤 했다. 그러니 나는 영락없는 '수산리 무학동 촌놈'이 분명하다. 그 집터는 내가 태어난 곳이기도 하지만 부모님이 신혼살림을 차리셨던 옛 추억이 마른 땅 위에 쏟아 놓은 물처럼 고스란히 스며있는 곳이기도 하다.

수산리에는 증조부님께서 터전을 잡으시고 3대가 이곳에서 사셨다. 선친께서도 7형제와 끝으로 여동생까지 8남매가 유년기를 함께한 곳이지만 후손조차도 모두 타향에 산다. 나 또한 이곳에서 태어나기는 했으나 세 살 적인 6·25전쟁이 발발하기 몇 달 전 봄에 낯선 타향으로 부모님 따라 이주하였다. 그 때문에 나는 아쉽게도 이곳에 죽마고우가 없다. 하지만 이곳은 선친과 나의 출생지일 뿐만 아니라 조부모님을 비롯해 조상님들을 모신 내 고향이다. 그러하기에 우리 후손들은 해마다 이곳에 모여 조상님들 묘소에 벌초한다. 내가 벌초 작업에 참여하기로는 초등학교 3학년 때부터로 기억하고 있다. 아버지는 당시 이웃에 살던 조카들과 장남인 나를 함께 데리고 다니셨다. 솔직히 여 남은 살 어린아이가 짐이 되면 되었지 벌초 작업에 무슨 큰 도움이 되었겠나. 하지만 선친께서는 큰 자식으로서 가문의 뿌리를 인식시켜주려는 현장교육과 체험성 의도가 담겨있으셨으리라. 당시에 철부지로서는 어찌 그 깊은 뜻을 눈치나 챘으리. 그러했기에 때론 투정도 꾀병까지 부려보았다. 그도 그랬을 것이 자동차를 타고 따라가는 것도 아니요. 순전히 도보로 이른 새벽에 출발하여 저녁 늦게서야 귀가했기 때문이다. 도보로 왕복 6시간 정도 거리였기에 그럴 수밖에 없었다.

　벌초 작업을 마치고 귀갓길에 창막골을 거쳐 매봉령을 넘어올 무렵이면 어느새 산길은 어두워진다. 오직 달빛만을 가로등 삼아 걷는 산길이다 보니 칡넝쿨에 걸려 넘어지기 일쑤였다. 그러다 힘이 부친 꼬마 녀석은 그만 길가에 털썩 주저앉아 버린다. 그럴 때면 함께 간 종·재종형님들이 번갈아가며 등에 업고 오기도 했다. 세월이 흘러 그 당시 달빛 고향 산길을 함께 걷던 아버지도 나에게 등을 내준 종·재종형님들 중에 두어 분도 다시 돌아올 수 없는 먼 길을 떠나신 지도 수십 년이 되었다. 지금은 묘소 앞까지 임도가 개설되어 자동차로 쉽게 접근할 수 있다. 하지만 자동차가 대중화되기까지 아마도 20여 년간 달빛 고향 산길을 걸어 다녔지 싶다.

내 출생지인 무학동에서 다시 출발하여 앞으로 나아가면 수산리의 원 골짜기인 박달골이 나온다. 이 골짜기에는 조부님을 모신 산소가 있다. 이 지역 개울가 길을 따라가노라면 산딸기와 개복숭아나무가 지천으로 널려있었다. 벌초를 따라다니던 어린 시절 산딸기와 개복숭아를 따 먹었을 때 그의 달콤한 맛이라니…. 그뿐만이 아니다. 돌배나무도 많았다. 새콤하고 달달했던 돌배 맛의 기억을 떠올리면 금세 입안 가득 침이 고인다. 이 골짜기 임도를 따라 구불구불 5㎞ 정도를 오르면 길옆에 전망대가 있다. 여기에서 앞산을 조망하면 어느 제지회사에서 1984년부터 자작나무숲을 조성하였는데 그 숲 모양이 마치 한반도지형을 닮았다. 이 때문에 전국 사진작가 및 산악인들의 발길이 연중 이어지고 있는 명소가 되었다. 이곳을 뒤로하고 매봉산 정상에 오르면 발아래 펼쳐진 산 능선들의 아름다운 풍광에 그만 매료되고 만다.

수산리는 법정·행정리로서 덕거리, 무학동, 박달골 등 모두 열둘의 자식 같은 마을을 거느리고 있다. 이들은 저마다 간직하고 있는 전설과 특성이 있지만, 이중 박달골에는 특이한 전설 하나가 있다. 예전 이곳에는 박달나무가 숲을 이루고 있어 박달골이라 했다. 이 마을에 떠꺼머리총각 한 사람이 살고 있었는데 박달나무를 이용하여 비행기를 만들어 타고 다녔단다. 신기한 이 모습을 보기 위해 각처에서 양 떼처럼 많은 사람이 몰려들었다 한다. 어렸을 적 아버지께서도 여기를 지나실 때면 이와 같은 이야기를 들려 주셨던 기억이 새롭다.

나는 유년시절부터 고향을 왕래하며 동리의 변천사를 눈으로 확인했다. 소양강댐이 들어서기 전 이 동리에는 삼백 여 호의 이웃이 살고 있었다. 그 시절의 이웃 정이 그립다. 어렸을 적 부모님과 함께 고향을 찾았을 때면 여기저기서 찐 감자나 옥수수를 바가지에 담아 들고 나와 먹으라고 주시던 어머니 친구분들과 목마른데 농주 한잔 하자며 아버지의 소맷자락 붙들던 친구분들, 지금은 모두 어디에 살고 계시는지…. 소양강댐이 완공되면서 이웃들이 하나둘 고향을 등지고 떠나버려 지금은 겨우 육십여 호에 백여 명의 주민이 고향 동리의 명맥을 유지하고 있다.

수구초심(首丘初心)이라 했던가. 사람은 누구에게나 고향을 그리워하는 마음 똑같으리라. 이제 다시 고향으로 삶의 터전을 옮기기는 어렵다. 하지만 노년에 나는 고향 동리 수산리의 옛 친정 격인 봄내(春川)에 가족과 함께 뿌리를 내렸다.

유년 시절 아버지와 종·재종형님들과 함께 걷던 달빛 고향 산길이 아릿한 추억으로 도장 자국처럼 내 가슴에 남아있다. 그러하기에 나는 오래전부터 필명이자 호를 '물뫼'로 쓰고 있다. '물뫼'란 바로 수산(水山)리를 의미하니 이는 곧 내 고향을 영원히 가슴속에 품고 사랑하고자 함이다. (2016. 6)

수구초심: 여우가 죽을 때 제가 살던 굴이 있는 언덕 쪽으로 머리를 둔다는 뜻으로, 고향을 그리워하는 마음을 이르는 말.

크리스마스 선인장 꽃

　꽃은 언제 보아도 아름답다. 그는 바로 식물이 종족 번식을 위해 거치는 한 과정의 기능 일부가 아니겠는가. 하지만, 꽃은 시각적으로 아름다울 뿐만 아니라 그가 추구하고자 함을 생각할 때 신비하고 거룩하기까지 하다. 그런 때문일까. 사람은 흔히들 젊은 여성을 보고 '꽃'에 비유하기도 한다.
　우리 집 거실에는 화분이 단출하다. 내가 꽃을 싫어해서가 아니다. 40여 년 전 신혼 가정을 꾸리면서부터 단독주택을 전전하다 5년여 전에 아파트로 오게 되었다. 이사를 할 무렵 그동안 애정으로 가꾸어 오던 20여 점이나 되던 나무와 화초 분재들을 두 개만 남기고는 모두 남에게 무상 분양했다. 좁은 아파트 생활공간이란 게 분재 관리하기가 여유롭지 못했기 때문이다. 이로 말미암아 지금 거실에는 화분 세 개가 전부다. 그중 문주란 두 포기는 우리 식구와 깊은 인연이 있어 이삿짐과 함께 따라왔다. 바로 20여 년 전

자식놈이 중학교 2학년 때 제주도 수학여행을 다녀왔다. 그때 갖고 온 은행알 같이 생긴 문주란 종자가 싹이 터서 자란 것이다. 또 하나는 선인장 화분이다. 이사 온 후 어느 날 아내가 친구 집에 갔다가 꽃이 곱다며 분주해다 심어놓은 거다. 이렇게 저마다 다른 사연을 안고 우리 집으로 오게는 되었지만 식솔처럼 거실 한쪽에서 함께 숨 쉬고 있다.

  선인장은 그 줄기가 마치 바다 게의 발을 닮기도 하여 '게발선인장'으로 알고 있었다. 그런데 근래 와서 백과사전을 찾아보니 그동안 '크리스마스 선인장'을 잘못 알고 있었다. 크리스마스 선인장은 여러해살이풀로 원산지는 삼바축제로 유명한 브라질이다. 크기는 두어 뼘 정도 되는 작달막한 키에 줄기마다 가지를 친다. 줄기 가장자리 마디는 무딘 톱날 모양으로 마치 게의 앞발처럼 두 다리를 벌리고 퍼져나간다. 생김새로 보아서는 어디 예쁜 구석이라곤 눈에 힘을 주고 찾아봐도 없다. 그래서일까. 처음 화분을 들여왔을 때 나는 시큰둥해서 제대로 눈길조차 안 주었다. 이 꽃을 본 일이야 없지만, 외양만 보고 지레짐작으로 그 나물에 그 밥이겠거니 했다. 그도 그럴 것이 모양새로 보아 옆에 있는 화초와 비교되었다. 문주란 잎처럼 길쭉하여 시원스럽게 생기지 못했거든 난초 같이 날렵하기라도 할 것이지 무슨 잘록잘록 못생긴 게 발을 닮았단 말인가. 이 때문에 아내에게 타박했다. 어디 볼품없는 화초를 들여와 방 차지만 하고 있다며 다른 곳으로 치워버리라고까지 하였다. 그러나 아내는 선인장이 가전제품의 전자파를 흡수한다느니 꼴은 이래 보여도 꽃 하나는 예쁘다는 등 못생긴 선인장 변호에 적극적이었다. 하지만, 아무리 요리조리 다시 뜯어보아도 정이 간다거나 예뻐해 줄 품새가 아니었다.

그러구러 5년여의 세월이 지났으나 그토록 예쁘다던 꽃은 끝내 보여주질 않았다. 그랬지만 과연 꽃은 어떻게 생겼기에 아내는 그리도 칭찬했을까 싶어 은근히 궁금하기는 했다. 어찌 보면 역설적이라고 생각할지 모르겠다. 크리스마스 선인장에 대한 애정이나 관심을 둬 주기는커녕 구박만 했으면서도 꽃은 보고 싶어 하니 말이다. 그 옆에 문주란은 해마다는 아니지만 몇 년에 한 번씩이라도 꽃을 피워 제 본분을 다하고 있다. 평소 그는 한여름 옥수수 잎사귀 같은 시원스레 쭉 빠진 모양새로 사시사철 시각적 즐거움을 주지 않던가. 그뿐만이 아니다. 꽃은 흰 색깔이며 우산형으로 피는데 그리 예쁘지는 않지만, 그 향기 하나만큼은 엄지 척이다. 꽃이 핀 시기에는 온 집안에 퍼진 그윽한 천연향기로 말미암아 더욱 큰 사랑을 받기 때문이다.

이때쯤이면 상대적으로 옆에 있는 크리스마스 선인장은 가시방석에 앉은 꼴이요, 자신이 한없이 초라해짐을 느꼈을 것이다. 명색이 화초란 반열에 들어 있으면서도 꽃 한 번 제대로 피워 보이질 못했으니 어찌 아니겠는가.

며칠 전이다. 거실 청소를 하던 아내가 갑자기 호들갑을 떤다.
"선인장이 꽃을 피우려나 봐요, 배가 만삭이네."
가까이 다가서 보니 정말 봉숭아 씨방처럼 통통한 마디 끝에 금방이라도 꽃망울을 '톡' 터트릴 태세다. 아니나 다를까. 그 이튿날 아침에 크리스마스 선인장을 보고 깜짝 놀랐다. 그는 참말로 예쁜 자홍색 꽃을 활짝 피운 것이다. 그것도 하나의 꽃자루에 마치 세 송이 꽃을 붙여놓은 듯하다. 그동안의 한풀이라도 하려는 것인가. 하나도 아닌 세 겹씩이나 피운 꽃을 보니 경이롭기만 하다. 다른 선인장 꽃은 하루 만에 진다는데 이 꽃은 그토록 주인에게 냉대를 받아오던 터라 서였을까. 나 보란 듯 시위하듯 일주일 동안이나 이울지 않고 그 자태를 뽐내고 있는 것이다.

크리스마스 선인장은 못생긴 것이 꽃조차 못 피운다고 그 얼마나 설움을 받지 않았나. 하지만, 그는 지난날의 시름은 모두 잊은 채 화사한 자태로 활짝 웃고만 있다. 나는 그런 그에게 꽃향기까지 맡아보려고 가까이서 코를 벌름거린다. 크리스마스 선인장 꽃이 무슨 말이라도 하려는 듯 흔들리고 있다. 가까이 댄 콧김의 영향 때문만은 아닐 것이다. 그는 과연 내게 무슨 말을 하려 했을까?

(2008. 1)

이울다: 꽃이나 잎이 점점 시들다.

생각의 차이

 산행을 다녀오는 길이다. 읍내로 접어들자 갑자기 흰 눈이 펑펑 쏟아진다. 화양교를 건너며 강을 바라보니 내리는 눈과 강 풍경이 잘 어우러진 한 장의 그림이다. 사진을 찍어야겠다는 생각이 들었다. 카메라를 꺼내려고 등에 진 가방을 벗으려다 양손에 들었던 등산용 스틱 하나를 그만 교량 난간 사이로 떨어트리고 말았다. 순간 이를 어쩌나 하는 당혹스러움과 함께 얼핏 지난 일 하나가 떠오르는 것이다.
 지난해 가을, 이른 아침에 읍내를 걸어가던 때였다. 어느 학교 앞을 지나는데 한 여학생이 택시에서 내린다. 아마도 등교 시간이 늦어 택시를 이용했지 싶다. 그런데 이 학생이 택시에서 내리며 빨간색 형광펜 하나가 길바닥에 뚝 떨어지는 것이었다. 그러나 학생은 이 사실을 아는지 모르는지 그냥 가려는 눈치였다. 나는 그에게 "학생, 거기 형광펜 떨어졌네."라고 지적해 주었다. 하지만 교문 쪽을 향해 뒤도 안 돌아보고 가버렸다. "예, 알아요."란 대답만이 내 귓전을 때린 채….

이 생각을 하니 나는 실수로 떨어트린 스틱을 놔두고 그냥 귀가 할 수는 없었다. 날은 어두워지고 눈도 그치지 않은 상황에서 교량 아래로 내려가 스틱이 떨어진 곳을 바라보니 난감하다. 거기에는 교량 바로 밑이라 얼음이 섬처럼 남아 있었지만, 그 주변에는 얼음이 녹아 강물이 흐르고 있었다.

우선 꺼내야겠다는 일념에 신발과 바지만을 벗어놓고 속옷 차림에 강물로 들어섰다. 이때 사위가 어둡고 교량 아래라서 본 사람은 없었겠지만, 이 모습을 누가 보기라도 했더라면 참으로 꼴불견이었지 싶다. 강물로 들어서는 순간 어찌나 물이 차갑던지 그 한기란 무척 참기 어려웠다. 그만 되돌아 나오고 싶었지만 결심했던 목적지까지 인내심을 발휘하기로 했다. 십여 미터 정도는 걸어 들어갔을까 싶은데 갑자기 배꼽 위까지 물이 차는 게 아닌가. 그것도 거의 코앞까지 다 갔는데 더욱 날이 어두워 강바닥을 분간하기조차 어려운 상태다. 이런 상황에서 잘못하다간 사고를 당할 수도 있겠다 싶어 일단 되돌아 나왔다.

집에서 곰곰이 잃어버린 스틱을 경제적인 측면에서 따져본다. 이태 전 십여만 원에 한 벌을 산 것이다. 그중 한 개를 잃었으니 그동안 사용한 감가상각을 고려한다면 기껏해야 삼만여 원 정도 잃은 셈이다. 포기할까 했다. 하지만 당장 한 개를 다시 사야 하는 번거로움이 뒤따른다.

이튿날 아침 무작정 현장을 다시 찾았다. 스틱은 주인을 원망이라도 하듯 못 본체 꼼짝 않고 그 자리에 누워 있었다. 강변을 왔다갔다 하며 궁리를 해보지만 뾰족한 수가 없다.

그러다 번쩍 생각나는 것이 있었다. 지난해 봄, 삼척 원덕의 호산리 바닷가로 사진촬영을 갈 기회가 있었다. 그때 해변에서 탐석하던 수석인 중에 입고 있던 특수복이 떠올랐다. 바로 어깨까지 올라오는 장화였다.

"그래, 바로 그것이다!"

손뼉을 치고 읍내 신발가게를 찾아가 물어보았더니 마침 그 물건이 있었다. 3만 5천 원이란다. 두말하지 않고 샀음은 물론이다. 그 특수 장화를 착용하고 들어가서 간단하게 꺼내왔다. 그렇게 편리할 수가 없었다. 강물은 가슴까지 올라오는 깊이였으나 옷도 물에 젖지 않을 뿐만 아니라 추위조차 느끼지 않고 안전하게 스틱을 꺼내 올 수 있었으니 말이다.

집에 오니 아내가 핀잔한다. 날씨도 추운데 그냥 포기하고 말지 그걸 세 번씩이나 가서 거기다 특수 장화까지 사들여 착용하고 찾아오느냐고.

그렇다. 경제적인 측면에서 본다면야 특수 장화를 사느니 거기다 몇만 원 보태면 새 스틱 하나를 살 수가 있다. 차라리 포기하는 게 순리였을지도 모른다. 그러나 나는 그렇게 생각하지 않는다. 모든 물건을 경제적 '가치'로만 저울질할 게 아니라 그간 함께했던 '정'이란 것도 무시할 수 없었기 때문이다. 그것은 내 손때가 묻은 자신의 신체 일부나 다름없을 정도로 아끼던 물건이 아닌가. 그는 거의 매일이다시피 나가는 산행길에 아무런 불평 없이 오르막 내리막길에서 주인을 위해 헌신 봉사를 했다. 비록 생명력 없는 한낱 지팡이에 불과하지만 "그래 너 하고의 인연은 여기까지다."라는 식으로 매정하게 내쳐버릴 수는 없었다.

  요즘 아이들은 물건의 소중함을 잘 모른다. 물질적으로 풍요로운 시대에 살다 보니 조금만 유행이 지나거나 싫증이 나면 새것으로 바꾼다. 비근한 예로 우리 집 손자 녀석들도 그랬다. 장난감 하나도 단 며칠을 갖고 놀지 못하고 싫증을 내거나 부수어 버리고 다른 것을 사달라고 조르기 일쑤다. 언제인가는 초등학교에 근무하는 교사에게 들은 이야기가 있다. 아이들이 학교 운동장에서 놀다 옷을 잃어버려도 찾아가지 않는 사례가 많다 한다. 그 옷 아니라도 다른 옷이 있고 잃어버리면 새로 사면된다는 황금만능주의 탓이리라.

  지난 1960~70년대 눈물겹도록 어려웠던 그 시절을 지금 아이들이 짐작이나 할까만, 나는 오늘도 고집스레 쓰던 물건 하나라도 쉽게 버리지 못하고 애착을 느낀다. 이런 내가 요즘 아이들 눈높이로 보면 한참이나 시대에 뒤처진 사고를 지닌 중늙은이는 아닐는지.

(2010. 1)

택 배

지난 설 명절을 닷새 앞둔 날 아침이다. 스마트폰을 열어보니 밤새 문자 한 통이 들어와 잠을 자고 있었다. '문 앞에 택배 놓고 갑니다.' 발송 시각이 지난밤 자정 무렵이다. 요즘 어디다 물품 주문한 것도 없었다. 한밤중이라 현관문 앞에 벨도 안 누르고 그냥 물품만 놓고 갔다는 것인데. 이 무슨 현대판 산타클로스인가? 고개를 갸웃거리며 아파트 현관문 앞을 살펴보았지만, 아무것도 없었다. 혹시나 누가 철 없는 장난을 했나. "별 싱거운 사람도 있네."라며 무시하고 말았다. 그렇게 하루를 보내고 가만히 생각해 보니 궁금해진다. 설 명절을 앞 둔 시기라 혹시 누가 선물을 보낸 것은 아닌가 하여 문자 발신자에게 전화하였다. 그는 택배기사였다. 자신은 분명히 아파트 현관문 앞에 놓고 갔다는 것이다. 그럼 누가 보낸 택배이며 어떤 종류인지 확인 좀 해달라고 했다. 배달물량이 많았던 터라 일일이 기억은 안 나며 믿지 못하겠으면 CCTV를 확인해 보란다. 이렇게까지 나오니 정말 장난은 아닌가 싶다. 채증 확보를 위해 카메라를 챙겨 들고 아파트관리사무소에 가서 확인해 보았다. 문자를 보낸 시각 전후에 택배물건을 운반한 사람은 없었다. 택배기사가 아무래도 다른 사람 전화번호를 착각했지 싶어 또 하루를 보냈다.

사흘째 되던 날이다. 아내에게 처남댁으로부터 전화가 왔다. 과수 농사를 짓는 처가에서 배 한 상자를 보냈단다. 그제야 궁금증이 풀렸다. 내가 지난해 8월 같은 아파트에서 동이 다른 아파트로 이사한 것을 깜빡하고 먼저 살던 집으로 그만 보낸 것이다. 사흘 만에 전에 살던 아파트를 가보니 얌전하게도 현관문 앞에 길 잃은 배 한 상자가 주인을 기다리고 있었다.

이쯤에서 아쉬움의 실타래가 서로 뒤엉켜 버리고 만다. 누구를 탓할 일은 아니다. 우선 내 잘못이 크다. 택배기사에게 배달처가 우리 아파트가 맞는지 물었더라면 좀 더 빠른 확인이 됐을 수도 있었을 것이다. 다음으로 먼저 살던 집 주인이 고맙지만, 그래도 배려심이 좀 아쉽다. 자신의 택배가 아니라면 택배 상자 겉표지에 보낸 사람과 택배업체 연락처가 있으니 문자로라도 좀 주지. 현관문 앞에 남의 택배를 사흘씩이나 내버려 뒀을까. 또한, 처가댁에 처남은 이사한 동생네 집을 다녀갔음에도 어찌 그 생각을 못 했나. 택배기사도 한 번쯤 성의 있게 배송처를 재확인해 주었더라면 하는 점 등이다.

시대가 빠르게 발전함에 따라 이젠 드론이 택배를 대신할 날도 멀지 않았다. 드론이 물품을 배송하는 시대에는 또 어떤 웃지 못할 일들이 생길지….

(2017. 2)

반전 생각

 컴퓨터가 말썽을 핀다. 제 임무를 수행하지 못하고 있다. 사람 같으면야 어르고 달래보기나 하지 말이 안 통하니 답답하다. 결국, 기계 병원을 몇 번 데리고 다녀왔다. 하지만 주인이 만만했던 것인지 고집불통인지는 알 수 없다. 며칠만 지나면 같은 말썽을 반복하니 어쩔 수 없다. 5년여 동안 함께했던 정 때문에 망설여지기도 했지만, 개선이 안 되니 단호한 결정을 내려야겠다. 퇴출이란 카드를 내밀었다. 결국, 그의 앞가슴에는 고물상 행 명찰이 붙여졌다.
 새 컴퓨터를 들여놓았다. 대리점을 통하지 않고 직접구매를 했다. 온라인 쇼핑을 한 것이다. 가격을 떠나 브랜드와 모델 그리고 성능 등을 살펴본 결과 좋은 점수를 받아 간택된 것이다. 그러다 보니 번거롭고 시간도 오래 걸렸다. 컴퓨터가 일체형이 아닌 본체와 모니터를 각각 따로 구매했기 때문이다.
 새로 들여놓은 컴퓨터를 사용해 보니 역시 새것이 좋다. 먼저 사용하던 것보다는 기능 등 여러 면에서 비교되었다. 교체하길 잘했다고 생각할 무렵 문제가 생겼다. 정작 내게 필요한 한글 워드 기능이 없는 것이었다.

  일단 아쉬운 대로 관련 업체 사이트에 들어가 100일간 무료 사용할 수 있는 체험판을 내려 받아 한 달 가까이 사용했다. 그러나 해당 기능을 사용할 때마다 눈앞에 어른거리는 문구가 있었다. 바로 체험 기간이 며칠 남았음을 예고하는 것이다. 마치 무슨 빚쟁이에게 상환기일 최고라도 하는 것 같은 느낌이다. 그뿐만 아니라. 공짜 쓰지 말고 얼른 정품 구매하라는 무언의 눈치를 주는 것 같기도 하다. 결국 온라인 정품 구매 결심을 했다. 해당 소프트웨어가 CD가 아닌 인터넷 다운로드 방식 상품이다. 이것을 잘못 선택하여 그만 사용할 수 없는 제품을 구매한 것이다.

  다른 상품과 교환을 할 수 있는지 해당 제품 판매 회사 홈페이지에다 질의를 올렸다. 소비자는 제품을 사놓고 사용 못 하는 답답하고 조급함에 빠른 답변을 바랐다. 하지만 하루가 지나도 답변이 없어 이튿날 직접 고객지원센터에 전화하였다. 상담원의 답변으로는 온라인 다운로드 방식 상품은 결제가 완료되면 반품이나 교환이 불가하단다. 항의해 보았다. "환급해 달라는 것이 아니다. 택배 상품이 아니었으니 온라인상 결제 취소를 해주면 곧바로 다른 상품으로 교체 구매하겠다."라고 했다. 역시 규정만을 앞세운다. 상품 거래 일련번호를 부여받았기에 어쩔 수 없다는 못을 박는다. 그리고 결재 후 해당 상품 내려받기할 때 약관 규정에 '반품이나 교환 결제 취소가 안 된다.'라는 문구가 있는데 그걸 보지 않았느냐고 묻는다. 얼핏 보긴 했으나 누가 그 상품이 사용 불가한 줄 생각이나 했나. 그러했기에 무시하고 구매를 진행한 게 화근이 될 줄은 몰랐다.

고의성이 없는 단순 실수였지만, 상담원의 말을 들어보니 모두 소비자인 내 잘못이 분명했다. 그러나 좀 더 꼼꼼하게 잘 살펴보지 않고 덜컥 '결제'를 찍은 컴퓨터 마우스를 원망해보지만 쓸데없는 일이다. 그렇지만 순순히 포기하기란 너무 아쉬움이 크다. 아무리 회사 운영규정과 약관이 그렇다 하더라도 구제받을 다른 방법은 없는지 찾아보았다.

우선 1372소비자 상담센터에 질의해 보았다. 여기서도 결제 당시 상품구매 약관을 보고 구매를 진행했다면 구제받을 수 없단다. 차선책으로 생각 끝에 A4용지 거의 한 장 분량 정도 내용으로 '착오로 인한 결제 취소 요청서'를 구구절절이 작성하여 고객지원센터 상담 게시판에 올렸다. 그런데 이게 어찌 된 일인가? 몇 시간 뒤 해당 회사로부터 전화가 왔다. 고객이 애초 필요로 한 상품을 다시 구매하란다. 담당자가 이를 확인하고 먼저 구매한 상품은 취소해주겠다는 것이다.

이쯤에서 잠시 결과에 대한 과정을 '다시 보기' 모드로 전환해 본다. 먼저 냉철하게 거래업체를 들여다본다. 소비자가 잘못 구매한 상품대금의 결제 취소는 지극히 정상적인 상거래 방식이었다. 또한, 환급해준 게 아닌 교체 상품을 팔았다. 그 때문에 업체에서는 손해 본 것도 아닌 도리어 이득을 취한 것이다. 다음은 소비자 관점에서 보아도 무상취득이 아닌 통상적인 상거래였다. 그러했기에 이는 결코 고마울 것이 없다. 어찌 보면 업체 측의 처사가 괘씸하게 느껴질 수도 있다. 왜냐하면, 결과적으로 해결해 줄 수 있는 출구가 있었음에도 곧바로 처리해 주지 않았기에 소비자는 시간 낭비와 마음고생을 한 것이기 때문이다.

　결과에 대하여 동전 뒤집듯 바꾸어 생각해 본다. 거래업체의 규정과 약관상 측면에서 비추어 보면 결제 취소는 안 해 줘도 위법이 아니다. 소비자로부터 비난받을 일은 더더욱 아니다. 그러나 해당 업체에서는 소비자의 요청에 귀 기울여 주었다는 점이다. 결국, 회사의 규정과 약관상 명시된 사항을 접어놓고 예외규정을 적용해 주었다고 보아야 할 것이다. 그렇다면 어찌 고마운 일이 아니겠는가? 당연히 감사해야 할 일이다. 더욱 이런 고마운 회사도 있구나! 역시 박수 받을 일이다.

　찬바람 부는 겨울 날씨다. 가슴이 따뜻해져 오는 온기를 느껴보는 하루였다.

(2016. 11)

빛과 마음 그림을 그리다

그가 직장이란 굴레에서 허물 벗듯 빠져나온 지 올해로 열네 해를 맞았다. 그는 자신만의 시간을 두 친구와 함께하고 있다. 바로 마음 그림을 그리는 붓과 빛 그림의 카메라와 말이다.

그는 빛 그림을 그리기 위해 궂은 날씨를 가리지 않는다. 길은 남들이 자주 찾는 편한 곳보다는 한적하고 험한 길도 마다치 않는다. 그래야 더 좋은 풍경을 만날 수 있기에.

날씨가 맑은 날이면 동해로 달려가고 싶다. 빛 그림 중에 일출촬영은 묘한 매력이 있기 때문이다. 그는 바닷가에 일출을 담고자 한밤중에 장비를 챙겨 자동차로 두어 시간이 넘는 동해를 여러 번 찾았다. 갈 때마다 10여 일 전부터 기상청 사이트에 들어가 그 지방 날씨를 꼼꼼히 체크해본다. 하지만 막상 현지에서는 해 뜰 시간이 되어도 해는 구름 뒤에 숨어 얼굴을 안 보여주어 애를 태우기도 한다. 사진은 순간의 찰나를 포착하는 창작예술이다. 일출촬영은 해가 바다 수평선 너머 얼굴을 빼꼼히 내미는 순간부터 한 5~6분 이내에 성패가 판가름 난다. 이렇게 짧은 시간 안에 급변하는 상황에 대처하기 위해서는 카메라의 기능 조작을 순발력 있게 발휘하지 않으면 실패하기 쉽다.

야경촬영 또한 그리 녹록한 분야가 아니다. 시내 전경을 담으러 날씨 좋은 날 미리 3~4kg이나 되는 장비를 등에 지고 두어 시간씩 힘들게 산을 오른다. 예정된 포인트에 장비를 설치해 놓고 해가 지기를 기다려본다. 하지만 빛이 가장 아름답다는 일몰한 지 30여 분 경의 골든타임을 제대로 활용 못 한 경우가 많다. 바로 황사와 미세먼지란 불청객 때문이다. 요즈음에는 계절과 관계없이 왜 그리 시도 때도 없이 밀려오는지 모를 일이다.

산정에서 조망하는 시내야경은 꽃보다 아름답다. 이 풍경에 매혹되어 감상에 빠져 정작 촬영은 그르친 경우도 있었다. 야간촬영을 마친 하산 길은 올라갈 때만큼이나 쉽지 않다. 오직 헤드 랜턴 하나에 의존하기 때문이다. 발걸음을 잘못 딛기라도 하면 수십 미터 낭떠러지로 떨어질 수도 있거니와 때 아닌 두려운 산짐승을 만날 수도 있다. 몇 해 전 설악산 토왕성 폭포 인근 지역에서는 어느 사진작가가 홀로 촬영을 갔다가 실종되어 결국 숨진 채 발견되기도 했다. 그런가 하면 지난해 가을 삼척시 가곡면 야산에서는 약초 캐러 갔던 한 농부가 멧돼지의 공격을 받아 사망한 사건도 있었다. 이렇듯 산행길은 언제나 위험과 즐거움이 공존하기에 항상 조심해야 한다.

그는 주로 풍경 찍기를 선호한다. 왜냐하면, 인물사진은 초상권 문제로 사전에 촬영승낙을 받아야 하므로 번거롭기 때문이기도 하다. 그는 또 조류촬영분야에도 관심이 있다. 하지만 이 또한 호락호락한 것이 아니다. 여러 날 탐조활동 끝에 둥지를 어렵사리 발견했다 해도 어미 새의 육추모습과 새끼의 이소과정을 담으려면 이 작업 또한 고난의 연속이다. 둥지와 일정한 거리를 두고 사진 장비 위장과 몸을 숨긴 채 며칠간 잠복 촬영을 하다 보면 극성스러운 모기떼 습격의 곤혹스러움은 감내해야 한다. 그뿐이겠는가. 산중에서 홀로 어미 새의 둥지 접근 순간과 한 과정을 포착하기 위해서는 때론 끼니를 거르고 기약 없이 몇 시간씩 숨죽이며 기다려야 함은 기본이다.

마음 그림은 어떠한가. 그는 처음 글쓰기를 시작할 무렵에는 어느 장르를 불문하고 무조건 다독하고 열심히 많이 쓰다 보면 길이 트일 줄 알았다. 마치 아기가 수없는 옹알이를 반복하다 어느 순간 "엄마!"라고 말을 할 수 있듯이. 세월이 흘러 그동안 수필집도 한 권 냈고 문단 끝자리에 이름을 올린 지도 십여 년이 넘었으니 이제쯤이면 글밭 가는 길이 조금은 쉬울 줄 알았는데 "그게 아니올시다."이니 어두운 터널을 통과는 심정이다.

이렇듯 빛 그림도 마음 그림도 어느 것 하나 제대로 내세울 만한 똑 부러진 알토란같은 작품 하나 없기에 부끄럽다. 만약 누가 그에게 "당신의 대표작이라면 어느 것이 있나요?"라고 묻는다면 얼굴만이 벌게질 것이 확실하다. 이런 것이 어찌 보면 깜냥도 안 되면서 한 우물이나 제대로 팔 것이지 두 우물까지 넘보냐고 비웃음을 살지 모르겠다. 하지만, 그가 마음의 위안으로 삼는 것은 퇴직하고 무의미하게 헛된 시간 보내지 않았다는 깃발 하나쯤은 내세울 만하지 싶다.

빛 그림과 마음 그림을 그리느라 전국 각처를 발로 뛰어다니는 과정에서 마음만큼은 남부러울 것 없는 풍요롭고 무한 행복감을 느꼈음은 분명하다. 그 때문일까? 칠순의 나이에 아직은 몸도 마음도 건강하고 열정만큼은 젊은이 못지않다는 점이다.

그 이상 무엇을 더 바랄까. 대표작이 없으면 어떻고 대상 같은 수상작이 없으면 어떠하며 무슨 거창한 문학상을 받지 못했으면 어떠한가. 그저 몸과 마음 건강하고 자신이 좋아하는 일에 만족감을 느끼면 그것으로 충분하다. 앞으로도 활동할 수 있는 한 중단 없이 두 친구를 놓지 않으리라 다짐하며 그는 오늘도 조용히 "파이팅!"을 외쳐 본다.

(2017. 2)

깎을까, 자를까

 남자는 동네 미용실을 갔다. 이날따라 대기 손님이 많다. 실장은 "예약을 하시지 그랬어요."라며 미안해한다. 미용실 외부 유리창에 문패처럼 '예약 필수'라고 써 붙인 글자를 보았다. 하지만 커트하는 데 기껏해야 20여 분 정도인데 무슨 예약이냐며 그냥 들어갔던 것이다. 미용실 긴 의자에는 여자들만 여럿 앉아 입술운동이 한창이다. 괜히 주눅 들어 그녀들 틈에 끼어있기가 편치 않았다.
 슬그머니 꽁무니 걸음으로 다른 미용실을 찾았다. 처음 들어간 그곳에는 마침 손님이 없어 곧바로 거울 앞 의자에 앉게 되었다. 미용사는 남자의 머리털을 만지며 "어떻게 깎을까요?" 말을 걸어온다. 어느 라디오 프로그램에서 주워들은 개그 한 토막이 전구에 불 들어오듯 번쩍 떠올랐다. "천 원만 깎아 주세요."라고 했다. 순간 미용사는 요즘 속된 말로 멍 때리는 듯했다. 이내 우스갯소리란 걸 눈치 챘는지 보철한 어금니까지 보일 정도로 '푸하하' 웃어젖힌다.

그는 붙임성 또한 좋아 이내 서먹서먹함이 사라졌다.

　남자가 먼저 살던 읍내에서는 집 앞에 부부가 운영하는 이용소가 있다. 남자는 그곳을 주로 출입했었다. 지금 사는 시내로 이사를 와서도 집 주변에 이용소가 있는지 찾아 나섰다. 어딜 가나 미용실은 한 집 건너 미용실인 셈이다. 정작 남자가 찾는 이용소는 쉽게 눈에 띠이질 않는다. 마치 숨은그림찾기라도 하듯 이 골목 저 골목을 기웃거렸다. 음식점이 줄줄이 붙어있는 골목 귀퉁이에 원통형 삼색 네온사인이 빙글빙글 돌아가는 이용소가 보였다.
　그곳에는 손님 단 한 명이 이발 중이었다. 그의 이발이 끝나길 기다리다 보니 남자의 차례가 되었다. 처음 만난 이용사는 가위를 손에 잡더니 "어떻게 자를까요?" 묻는다. 그 당시에는 마땅한 개그가 금방 생각나질 않아 그저 "약간씩만 쳐주세요."라고 했다. 별로 할 말이 없었던 남자는 내내 눈을 지그시 감고 있었으며 과묵한 이용사는 열심히 재깍재깍 머리털 자르는 가위 소리만 냈다.

　사람과 사람이 어울려 살아가는 인간세계에서 때론 유머와 붙임성이 필요함을 실감했다. 한마디 우스갯소리가 인간관계의 윤활유 역할을 해준다. 그 때문일까? 결국, 남자는 한 달에 한 번꼴로 머리털을 다듬으러 '자를까' 하던 곳보다는 '깎을까' 하던 미용실로 발걸음이 향했다.

(2017. 2)

까막딱따구리

 산행길이다. 얼핏 보면 까마귀같이 생긴 놈이 까마귀는 아니다. 새의 대가리와 부리를 보면 딱따구리같이 생긴 놈이 은사시나무 수공(樹孔)을 들락거리는 장면을 목격했다. 윤무부 새 박사가 쓴 「한국의 텃새」 서적을 확인해 보니 이놈의 이름이 '까막딱따구리'란다. 까막딱따구리는 우리나라에서 보기 드문 텃새로서 천연기념물 제242호로 지정된 새다. 생김새는 온몸에 먹물을 뒤집어쓴 듯 검은색이다. 수컷은 이마에서 머리 뒤까지 붉은 깃털이 있다. 암컷은 뒷머리만 붉다. 이 때문에 암·수컷을 구분하기가 쉽다. 부리는 회백색이며 끝이 검다. 삼각형의 뾰족한 부리로 나무를 잘 쪼는데, 그 소리가 "딱, 딱, 딱, 딱따구르르~" 마치 산사에서 스님이 목탁 두드리는 소리같이 들리기도 한다. 둥우리는 새 중 유독 나무줄기에 구멍을 파서 보금자리를 만든다. 먹이로는 딱정벌레의 성충과 유충을 즐겨 먹으며 개미와 파리도 잘 먹는다. 가끔 식물의 열매도

먹는다 한다.

　이튿날부터 쌍안경과 사진 장비를 챙겨 둘러메고 집을 나섰다. 수공 둥지 전방 잣나무 숲에 카메라와 몸을 숨긴 채 탐조에 돌입했다. 두 시간 정도를 기다리니 눈 깜빡할 사이 어미 새가 수공 둥지 뒤로 날아와 나무에 찰싹 붙는다. 살금살금 주변을 살피며 둥지 앞으로 다가가니 새끼가 눈치 채고 머리를 내민다. 순간적으로 새끼 부리 속에 먹이를 넣어주고는 번개같이 날아가 버린다. 그 후에도 두세 시간 격차를 두고 육추활동은 계속되었다. 배가 고픈지 간간이 둥지 밖으로 부리를 내미는 새끼를 보니 세 마리였다. 벌써 육추를 시작한 지 꽤 지났는지 새끼가 많이 성장한 듯 보인다.

　둘째 날의 탐조에서는 놀라운 일이 발생하였다. 까막딱따구리 둥지를 튼 옆 나뭇가지에 원앙 한 쌍이 와서 오래도록 머물고 있다. 오후 한 차례 까막딱따구리 어미 새가 먹이를 주고 간 직후다. 이때 원앙 암컷이 까막딱따구리 수공 둥지로 진입하려고 시도했다. 그런데 주변에서 이를 지켜보고 있었는지 까막딱따구리 수컷이 번개같이 날아와 원앙을 부리로 쪼니 소리를 지르며 퇴각해 버린다. 생각건대, 원앙은 까막딱따구리의 이소가 임박한 것을 눈치챘나 보다. 그러나 까막딱따구리는 원앙의 진입을 완전히 봉쇄할 의사가 있는 것 같지는 않다. 다만 아직 이소 안 한 새끼의 안전을 위해 경고 차원에서의 행위로 보인다. 원앙은 둥지를 직접 만들지 않고 기존 나무구멍을 이용해 새끼를 키운다.

　늦은 오후였다. 둥지 옆 나뭇가지에 앉아 쉬고 있던 까막딱따구리 암컷이 나무에서 훌쩍 땅으로 내려오더니 이상한 짓을 한다. 바로 날개를 퍼떡거리면서 진흙을 헤친다. 그리고는 마른 진흙을 발가락으로 파서 온몸에 뿌린다. 추측하건대 이 짓은 아마도 혹시 몸에 붙어있지도 모를 해충을 털어버리거나 목욕 차원의 행위가 아닐까 한다. 이 동작을 잠시 반복하더니 나뭇가지 위로 날아간다.

탐조 사흘째 되던 날이다. 둥지 밖에서 어미 새가 울음소리로 이소를 유도하여 새끼 두 마리가 이소하는데 성공했다. 나머지 한 마리는 머리를 내밀며 몇 번씩 둥지 밖으로 비상을 시도했지만, 결국 겁이 나는지 포기하고 다시 둥지로 쏙 들어가 버렸다. 어미 새는 둥지 속 잔류 새끼에게 다시 나와 보라는 듯 계속 울어댄다. 역시 반응이 없자 이미 밖으로 나온 두 마리 새끼를 데리고 어디론가 날아간다. 이 모습을 지켜보고 있던 원앙 암컷이 쏜살같이 까막딱따구리 둥지 속으로 들어가더니 십오 분 정도를 머물다 나왔다. 둥지 속에 산란한 것인지 다른 무슨 일을 저지른 것인지는 보이질 않으니 궁금하다.

탐조를 시작한 지 나흘째다. 까막딱따구리는 외부에 흔적을 남기지 않기 위하여 둥지 속 새끼의 배설물을 일일이 물어다 멀리 버리는 습관이 있다. 이날도 배설물을 물어 나르는 것으로 보아 잔류 새끼는 안전한 것으로 보인다. 이를 인증이라도 하듯 이따금 새끼가 둥지 밖으로 고개를 내민다. 두어 시간 간격으로 육추활동은 계속되고 있었다. 그런데 오후에 어미 새가 새끼에게 먹이를 주고 간 직후다. 원앙 암놈이 거리낌 없이 제집 들어가듯 까막딱따구리 둥지 속으로 들어가서는 이십 여분 정도를 머물다 나왔다. 아마도 이틀에 걸쳐 둥지 속에 산란한 것으로 추측된다. 이 행위가 사람 같으면 있을 수 없는 일이다. 어찌 종류가 다른 이소 안 한 새끼가 머무는 상태에서 거기다 산란할 수 있겠냐는 의문이다. 원앙으로서는 산란 시기가 임박한 데다 이소를 눈치 채고 둥지를 남에게 빼앗기기 전에 선점하려는 속셈이 아닐까.

닷새째 탐조하던 날이다. 이른 아침부터 어미 새는 둥지 밖에서 새끼 부르는 소리가 주변까지 시끄러울 정도로 울어댄다. 그렇게 한 시간여의 시간이 흐른 뒤다. 결국, 둥지 밖으로 몇 번이나 머릴 내밀고 나올까 말까 망설이던 끝에 드디어 새끼는 난생처음 하늘을 날았다. 첫 비행이라 멀리는 못 가고 이웃 나뭇가지에서 기다리던 어미 새 곁으로 날아가는데 성공했다. 감격스러운 이소 모습을 잽싸게 카메라에 담았다. 멋진 장면이었다.

원앙은 끈질긴 막무가내식으로 침입하여 까막딱따구리 둥지를 차지하는데 뜻을 이뤘다. 이들의 행위가 쉽게 이해되지 않는다. 하지만 새들의 세계에서는 이종(異種) 간의 조류이긴 하나 상호 무언의 암묵적 둥지 거래가 관행처럼 이루어지는가 보다. 까막딱따구리와 원앙의 상생 관계가 아름다워 보인다. 우리 인간세계에서는 감히 상상조자 할 수 없는 현실이기 때문이다.

(2014. 6)

2.
산책길 사람들

청딱따구리

　지구 위에 서식하고 있는 새의 종류는 8,600여 종이 되며 우리나라에는 390여 종이 있다 한다. 국내 토종 희귀조에 속하는 청딱따구리 둥지를 보았다는 지인의 제보를 받았다. 늦은 오후 자동차로 40여 분 정도를 달려갔다. 현지에 도착하여 한참을 헤맨 끝에 오동나무에 수공(樹孔) 하나를 발견했다. 자세히 살펴보니 수공 앞 나무껍질에 새의 발톱 자국이 난 것으로 보아 이 나무를 지목하게 됐다. 멀찌감치 숨어 한 두어 시간을 기다렸지만, 청딱따구리는 그림자조차 볼 수 없었다. 결국, 날은 어두워져 어쩔 수 없이 철수하고 말았다.
　이튿날 새벽 다시 찾았다. 오동나무 가지에 앉아 있던 새 한 쌍이 불시 무단침입에 놀란 듯 푸드덕 날아가는 것을 확인했다. 기다리기를 30여 분 정도 있으려니 수공 둥지 밖으로 새끼 한 마리가 얼굴을 살짝 내밀었다. 그러나 이내 불안한 듯 모습을 감춘다. 그런 후로는 몇 시간이 지나도록 어미 새의 출현이나 새끼의 움직임 조차 포착이 안 된다. 새들에게 들키거나 방해될세라 넝쿨 숲 아래 쪼그려 앉아있으려니 시간이 지날수록 다리도 저리고 무릎도 슬슬 아파져 온다. 혹시나 해서 카메라가 제대로 작동하고 있는지 확인하려 몸을 일으켰다.

하필 그 순간 둥지 쪽으로 날아오던 어미 새가 갑자기 "삐요, 삐요, 삐요." 소릴 내며 후다닥 되돌아가 버린다. 녀석은 옮겨간 참나무 가지 위에서 계속 울음소리를 내더니 어느 순간 어디론가 날아간다. 아마도 새끼에게 위험신호를 보낸 것 같다. 할 수 없이 풀숲에 주저앉아 장기전에 돌입했다. 그러고 있으려니 슬며시 걱정되는 게 있다. 몇 해 전인가. 도내 어느 농촌 지역에서 진드기로부터 전염되었다는 쓰쓰가무시병 환자가 발생했다는 뉴스를 본 기억이 났기 때문이다. 어찌할까? 그렇다고 이 상황에서 뒷걸음칠 수는 없다.

그렇게 기다리기를 세 시간 가까이 됐을 무렵이다. 어미 새 한 쌍이 휘리릭 둥지 튼 나무 상수리에 와 앉는다. 숨을 죽이고 주시하였다. 잠시 후 나뭇가지에 앉아있던 한 마리가 살금살금 나무줄기를 타고 둥지 쪽으로 내려온다. 계속 주변을 두리번거리며 경계하는 눈치다. 쌍안경을 통해 자세히 살펴보았다. 윤무부 조류학자의 저서 「한국의 텃새」에서 본 기억으로 수컷으로 추정된다. 왜냐하면, 생김새가 머리 꼭대기에 빨간 물감을 칠해 놓은 듯 붉은색 털이 타원형으로 나 있다. 그리고 배와 가슴부위와 날개는 녹색을 띤 회색이었기 때문이다. 나뭇가지에 앉아 지켜만 보고 있는 암컷은 머리에 붉은 털이 없으며 몸 전체가 엷은 잿빛을 띤 녹색이다.

수컷은 수공 둥지 코앞에 다가와서 마치 "아비가 왔다."라는 듯 "삐요, 삐요, 삐요." 소릴 낸다. 새끼가 기다렸다는 듯 수공 둥지 밖으로 머리를 내미는 순간 부리 안에 먹이를 넣어 준다. 이 순간을 놓칠세라 손에 쥐고 있던 카메라 무선 릴리즈를 마치 사냥꾼의 총 방아쇠를 당기듯 잽싸게 눌러댄다. 카메라 셔터의 "타닥 타다닥" 작동하는 소리가 들린다. 먹이 받아먹는 모습을 보니 새끼가 두 마리다. 먹잇감으로는 곤충류로 특히 개미와 나비, 메뚜기, 딱정벌레 등을 좋아한다고 한다. 수컷은 먹이를 주곤 후다닥 잽싸게 날아갈 줄 알았는데 그게 아니다. 녀석은 몸을 돌려 또다시 살살 나무줄기를 타고 오르며 계속 주변을 살피는 게 아닌가. 무척 행동이 신중하다. 나뭇가지 위로 올라가 십여 분 정도를 앉아있다가는 그제야 어디론가 날아간다. 또다시 정적이 흐르며 나 혼자만의 시간과 한 판 씨름을 시작했다.

날씨가 이상하게 꾸물거리더니 금방이라도 비가 올세라 하늘에 검은 멍석구름 떼가 내려다본다. 부랴부랴 카메라 위에 미리 준비해간 우산 하나를 씌우고 다시 내 위치로 돌아오니 기다렸다는 듯 소나기 빗방울이 후드득 우산을 때린다. 넝쿨 숲속에서 우산을 받쳐 들고 쪼그리고 앉아있는 내 꼬락서니를 보니 우습기도 하지만 한편으로는 처량하기까지 하다. 비는 다행히 지나가는 소나기로 잠시 후 그치긴 했으나 주변이 축축하다. 그나마 요즘 세계적으로 지카 바이러스를 옮긴다고 해서 조직폭력배보다 더 무섭다는 공포의 모기가 안 보인다는 것이다. 다행스럽다. 이런 일련의 내 모습들이 마치 새들에게 인내심을 시험받기라도 하는 것 같아 슬며시 쓴웃음이 난다.

처음부터 기다리기를 여섯 시간 정도 되어갈 무렵, 어미 새의 두 번째 출현이다. 그들은 수공 둥지로 바로 가지 않고 오동나무 가지에 날아와 앉는다. 그러나 무슨 일인지 계속 주변만 살필 뿐 새끼에게 먹이 줄 생각을 안 한다. 그러기를 한 20여 분 정도 뜸 들이더니 역시 수컷 혼자 첫 번째 먹이 줄 때와 똑같은 방법을 답습한다. 두 번째 먹이 주는 순간까지만 지켜보고 촬영 작업을 마무리했다.

사람은 주로 부성애보다는 모성애가 두드러진 게 현실이다. 청딱따구리 수컷은 암컷보다 더 적극적으로 먹이 사냥을 하여 육추하는 부성애에 크게 감동하였다. 새들의 육추 단계는 이소를 하므로 마무리가 되어간다. 이소는 곧 또 다른 새로운 가정의 탄생을 의미한다. 부성애가 강한 청딱따구리의 왕성한 번식으로 우리 주변 숲에서 흔히 볼 수 있는 조류 생태계의 변화가 있길 기대해 본다.

(2016. 6)

잃어버린 고무신짝 때문에

　지금으로부터 까마득한 60여 년 전 코흘리개 적 일입니다. 시골 마을에서 유난히 수줍음을 많이 타던 녀석이 초등학교에 입학했습니다. 수줍기만 한 것이 아니라 바보스러울 정도로 순진하기까지 했습니다.
　입학하고 며칠이 지났을 때였습니다. 하루는 하교하려는데 신발장에 벗어둔 녀석의 고무신이 귀신같이 없어졌습니다. 입학을 한다고 아버지께서 새 고무신을 사주신 것이건만, 집에를 가려는데 자신의 신발이 없어졌으니 어린 나이에 얼마나 당황스럽고 황당하기까지 했겠어요. 그 시절만 해도 농촌에서는 거의 아이들이 고무신을 신고 학교를 다녔을 시절이었습니다.
　자신의 신발이 없어졌으면 교무실에 담임선생님이라도 찾아가 말씀드릴 것이지 숫기 없는 녀석은 그만 고개를 푹 숙이고 타박타박 걸어서 20여 분 걸리는 집을 맨발로 걸어갔습니다. 이런 꼴로 집에 온 아들을 보신 아버지가 불같이 화를 내셨습니다. "녀석아 고무신은 어느 곳에 내다 버리고 맨발로 왔느냐?"고요. 이내 녀석은 울먹거리며 버리고 온 것이 아니고 학교에서 잃어버렸다고 말씀드리니 아버지께서는 한걸음에 학교 교무실로 달려가셨습니다.

결국, 담임선생님에게 "어찌 어린애가 신발을 잃어버리고 맨발로 하교하게 했느냐?"고 거센 항의를 하셨답니다. 영문도 모르고 있다가 졸지에 학부모로부터 항의를 받은 담임선생님은 얼마나 또 황당했겠습니까. 그 당시 담임선생님은 사범학교를 갓 졸업하고 첫 부임을 한 처녀 선생님이었답니다.

당황한 담임선생님은 아버지와 함께 1학년 교실입구 신발장을 찾아갔습니다. 거기에는 임자 잃은 헌 고무신 한 켤레가 텅 빈 신발장을 지키고 있었습니다. 아버지는 할 수 없이 헌 신발을 집으로 가지고 오셨습니다. 내일이면 혹시 잘못 바꾸어 신고 간 학생이 다시 신고 와서 돌려 줄 것을 믿으시면서.

녀석은 이튿날 선생님으로부터 크게 야단맞을 줄 알고 지레 겁을 먹고 등교했지요. 그러나 담임선생님께서는 따뜻하게 타일러 주셨습니다. "다음부터는 그런 일이 있으면 혼자 울거나 당황하지 말고 선생님에게 얘기해라."고 하시며 머리를 쓰다듬어 주셨습니다. 잃어버린 녀석의 고무신은 이튿날 얌전하게 신발장으로 되돌아와 있었습니다. 누가 바꾸어 신고 갔었는지는 아무도 모른 채.

나는 십 수 년이 지나 문득 색 바랜 흑백사진 같았던 그때 일이 생각나서 다방면으로 수소문하여 당시 담임선생님을 찾았답니다.

선생님께서는 어느 직업군인과 결혼하면서 교직에서 퇴직하시었고, 그만 중년에 신병으로 별세하셨다 내요. "선생님 그때 정말 죄송했습니다." 이렇게 사죄를 드리고 싶었는데….

(2016. 2)

산책길 사람들

 춘천에서 걷기운동을 할 수 있는 산책길은 여러 곳이 있다. 그중에서도 나는 애막골 산책길을 가장 많이 이용한다. 이유로는 사는 집과 가깝다는 점과 자동차 소음에서 벗어난 변두리 야산 숲속으로 길이 나 있기 때문이다.
 이 산책길은 동부노인복지관에서 시작하여 애막골을 지나 국도 46호선 외곽순환도로와 만나는 지점까지 대략 3㎞ 정도 되는 거리다. 집에서 나와 쉬엄쉬엄 걸어도 두어 시간 정도면 다녀올 수 있는 곳이다. 나는 거의 매일 일과처럼 부담 없이 이 산책길로 걷기운동을 나간다. 산책길을 따라 가노라면 길옆에는 그다지 크지 않은 소나무와 참나무 그리고 여러 잡목이 도열하듯 서 있는데 그들이 웃으며 반겨주는 듯해서 더욱 기분 좋다. 어쩌다 날이 채 밝기도 전에 산책을 나서보면 그 시간대에 벌써 운동을 다녀오는 사람들이 있다. 무더운 여름 한낮이나 추운 한겨울에도 궂은 날씨나 계절과 시간을 가리지 않고 자신의 건강을 위하여 이렇게 걷는 사람들이 많다.

　이 길을 걷다 보면 외국인도 간간이 눈에 띈다. 또한 워낙 다양한 연령층의 사람들이 이용하다 보니 그중에는 남을 배려하지 않는 모습을 목격하기도 한다. 산책할 때 반려동물을 데리고 나오려면 지켜야 할 사항이 있다. 목줄을 안 하거나 배설물을 처리하지 않으면 과태료를 부과할 수 있도록 도시공원 및 녹지 등에 관한 법률로 규정되어 있다. 그러나 이를 이행하지 않고 그것도 여러 마리의 애완견을 목줄 없이 그냥 데리고 나오는 사람이 있다. 그런가 하면 이른 새벽 산 위에서 야호! 야호! 소리를 지르는 사람도 있다. 이런 사람들뿐만이 아니다. 저마다 소지하고 다니는 휴대전화나 음향기기 때문에 눈살 찌푸릴 때도 있다.

　며칠 전이다. 이 산책길 중간 지점에는 간단하게 운동할 수 있는 체육시설이 있다. 이곳 간이 나무의자에 앉아 여성노인 한 분이 휴대용 음향기기로 음악을 듣고 있었다. 그때 이 옆을 지나던 일흔 정도 돼 보이는 남성노인 한 분이 신경질적으로 나무라듯 지적을 했다. "시끄러우니 산에 오면 음악을 끄시오. 이어폰을 이용하든가. 당신이 듣는 음악을 나는 듣지 않을 권리가 있어요."라는 것이다. 이들은 서로 지인 관계는 아닌 듯했다. 그 여성노인은 졸지에 무안을 당한지라 아무 소리도 못 하고 얼굴만 붉히며 슬며시 자리를 뜨고 말았다.

　그때 내 생각에는 이어폰을 이용하지 않고 음악을 좀 들었기로서니 저리도 버럭 화를 내듯 나무랄까. 음악이 듣기 싫으면 못 본체 그냥 지나쳐도 되련만 굳이 가던 길 멈추고 잔소리를 하나. 아무리 좋은 취지의 올바른 소리라도 남에게 저렇게 감정 섞인 쓴소리 하다 행여 어떤 봉변이라도 당하면 어쩌나 싶었다. 그런 우려와 남성노인의 언사가 다소 지나친 것은 아니었나 하는 느낌까지 들었다.

 이 장면을 목격한 귀로에 자연히 산책길 나선 다른 사람들을 눈여겨보게 되었다. 주로 젊은 층에서는 스마트폰에 이어폰을 꽂고 다녔다. 그러나 소형 휴대용 라디오나 작은 음향기기에 이어폰 없이 음악을 들으며 걷고 있는 사람들을 자주 만났다. 특히 노년층에서는 청력이 약하니까 음향기기의 볼륨을 크게 올려놓고 음악을 들으며 지나는 사람도 눈에 띄었다. 그때야 조금 전 그 남성노인을 이해하게 되었다. 산책길 나온 사람 저마다 이어폰이나 헤드폰을 이용 안 하고 라디오나 스마트폰 또는 휴대용 음향기기를 이용해 음악을 듣는다 치자. 이를 이용하지 않는 사람 입장에서는 '짜증 날만도 하겠다'라는 생각에서다.

 앞서 지적받은 여성노인 또한 자기 집에서는 웃어른일 수 있다. 그런데도 여러 사람이 지켜보고 있는 가운데 다소 감정적인 잔소리를 들었으니 마음 상하고 무안했을 것이다. 하지만, 산책길은 자신 혼자만 이용하는 곳이 아니다. 그 때문에 여러 사람을 배려하는 마음에서 되도록이면 남에게 누를 끼쳐서는 안 되겠다는 생각을 해본다.

(2015. 9)

팔봉산

 지난 일요일이다. 여덟 개의 바위봉우리로 이루어진 팔봉산을 찾았다. 이 산은 홍천군 서면에 있으며 그리 높지 않은 해발고도가 327.4m다. 산림청에서 한국의 100대 명산으로 선정한 산이다. 팔봉산을 처음 찾는 사람은 두 번 놀란다. 첫째는 산에 오르기 전에 산 높이만 쳐다보고 명성에 비해 낮음이 기대에 못 미쳐 허탈감에 놀라고, 막상 여덟 봉우리를 오르다 보면 겉보기보단 만만치 않음에 또다시 놀라기 때문이다. 대인관계에서도 첫 대면에 때론 상대방의 외모만 보고 얕잡아 볼 때가 있다. 산도 역시 마찬가지다. 겉만 보고 만만하게 대했다간 큰코다친다는 교훈을 준다.
 첫 코스로 노적가리같이 생긴 제1봉에 올라서서 내려다보니 마치 항공기에서 내려다본 풍광과 흡사했다. 산 발치에는 맑고 푸른 홍천강이 팔로 껴안듯 산의 3면을 휘감아 흐르고 있다.
 제2봉을 거쳐 제3봉을 지나 제4봉으로 오르는 길목에는 어려운 코스로 알려진 '해산굴'이 있다. 이곳을 피해서 하산하는 사람들도 많다. 하지만 산을 찾는 것은 모든 난관을 극복하고 정상을 정복하는 쾌감을 맛보려 함일 것이다. 어디 그뿐인가. 산정에 오르면 모든 사물이 자신의 발아래 있으니 그 또한 짜릿한 기분이다. 이 순간 부러운 것 아쉬운 것 없는 성취의 만족감과 행복의 포만감을 동시에 느낄 수 있기 때문이다.

이번 산행에 동행한 아내 또한 이 코스를 힘겹다며 하산하려고 하는 것을 기왕 왔으니 한번 통과해보자고 억지로 앞장을 서서 뒤따르게 하였다. 해산굴 입구에 막상 다가서니 앞서온 십여 명의 등산객이 줄을 서서 대기하고 있었다. 앞서 오르는 사람이 굴을 통과해야 다음 사람이 통과할 수밖에 없는 외통길이다. 이 굴을 통과하는 과정의 어려움이 마치 산모가 아기를 출산하는 고통을 경험한다 하여 '해산굴'이라 부른다. 이곳을 여러 번 통과할수록 무병장수한다는 전설이 있어 일명 '장수굴'이라고도 불린다.

이곳을 아내도 내가 뒤에서 받쳐주고 밖에 먼저 나간 분에게 부탁하여 당겨주는 등 실랑이 끝에 땀을 흠뻑 흘리며 겨우 통과하였다. 아내가 가쁜 숨을 몰아쉬며 밖으로 나와선 새로 태어난 기분이라 했다. 어렵사리 좁은 해산굴을 빠져나온 심정에서이리라. 임산부 출산의 고통을 남성인 내가 어찌 짐작이나 할까만, 자식을 둘씩이나 낳은 경험 있는 아내가 새로 태어난 기분이라니 아마도 자식낳을 때 고통만큼이나 해산굴 통과하기가 그에 버금가는 힘이 들었던 모양이다. 때마침 요즘이 며느리가 둘째 해산예정일을 앞두고 있으므로 다시금 출산의 어려움을 머릿속으로 떠올렸는지도 모른다. 그래서였을까 아내는 봉우리 정상을 오를 때마다 먼저 다녀간 분들이 쌓은 돌탑에 돌을 얹으며 무언가 두 손 모아 기원하는 모습을 엿보았다. 가까스로 해산굴을 통과하여 제4봉의 정상에 올라 한숨 돌렸다.

팔봉산은 제1봉에서 8봉까지를 돌아서 애초 등산로 입구에 도착하기까지의 시간이 보통 세 시간 정도 소요된다. 하지만 산행 초보자인 아내와 동행을 하고 보니 군더더기 시간이 예상외로 많이 붙게 된다. 쟁반봉이라고 하는 제5봉을 지나 6·7봉을 통과하였다. 마지막 8봉을 오르려니 이 봉우리는 오르기 제일 어렵고 험준한 산행코스라 위험하므로 초보자는 7봉과 8봉 사이 하산 길을 택하라는 푯말이 얼굴을 내민다. 이곳에서도 아내는 또다시 하산하겠다고 한다. 그래도 어렵게 7봉까지 왔는데 8봉을 모두 밟아보자는 말에 마지못해 따라붙었다. 결국, 암벽 오르는 철계단과 밧줄을 잡고 겨우 마지막 8봉 정상을 올랐다. 팔봉산은 두 번째 등산이다. 십여 년 전 올랐을 때보다 관리 지방자치단체에서 등산로 및 시설물 정비 보강을 많이 한 덕분에 안전 면에서 큰 도움이 됐다. 한숨 돌리며 산 아래 펼쳐진 홍천강의 아름다운 물줄기와 가을 들판의 풍요로움을 조망하고 있는 순간 자식놈으로부터 전화가 걸려왔다.

"아버지! 어멈이 몸에 진통이 있어 산부인과 병원을 가려고 합니다." 며느리의 해산예정일은 아직 며칠 여유가 있지만 그래도 걱정이 앞선다. "급하다고 서두르지 말고 조심스럽게 운전해서 병원 가도록 해라."는 말을 전하고는 귀가하기로 했다.

제8봉 하산 길에 보니 등산로 길섶에 진달래꽃 두 송이가 탐스럽게 피어있는 게 아닌가. 때아닌 가을철에 진달래꽃을 이렇게 보다니 어쩐지 상스러운 일이 있을 것만 같은 느낌이 든다. 며느리 입원 소식에 마음이 바빠진다. 아니나 다를까 점심도 거른 채 귀가하여 방에 들어가 자리에 앉자마자 때마침 이를 엿보기라도 한 듯 휴대 전화벨이 주인을 불러댄다. "아버지! 손자를 보셨습니다. 산모와 아기도 건강합니다." 바로 자식놈의 전화였다. 첫째가 손녀고 둘째로 손자를 본 것이다. 더욱이 올해가 바로 600년 만에 돌아온 황금돼지해라는 정해년(丁亥年)이다. 이렇게 대길(大吉)한 해에 귀한 손자가 탄생했으니 가문에 더없이 큰 기쁨이며 복 받음이요. 경사임이 분명하다.

팔봉산은 당당하게도 한국의 명산이며 홍천군이 가장 으뜸으로 자랑하는 9경 중 제1경의 명소다. 이곳을 오른 날 손자가 태어났으니 이 또한 상서로운 인연이 아닐 수 없다. 부디 한국의 명산 팔봉산 서기(瑞氣)를 듬뿍 받아 춘삼월에 죽순처럼 잔병치레 없이 무럭무럭 잘 자라서 훌륭한 인재가 돼주길 바라는 마음 간절하다.

(2007. 10)

가리산

 귓가를 스치는 바람이 가을 소식을 전한다. 산마다 곱게 물든 단풍으로 가을을 연출한다기에 한껏 마음이 들뜬다. 홍천 가리산을 찾았다. 이 산은 한국의 100대 명산 무리에 당당하게 어깨를 나란히 하고 있다. 또한, 홍천군에서 자연경관이 빼어난 곳을 9경으로 선정한 그 두 번째로 손꼽는 명산이다.
 가리산으로 접어드는 평내 마을에서 서쪽 방향을 바라보면 멀리 동그스름한 여인의 젖무덤과 같이 생긴 두 산봉우리가 시선을 끈다. 실제로는 바위봉우리로 이루어진 삼 봉이 있으나 이곳에서 보면 젖무덤이나 또 어찌 보면 입술 같은 모습으로 두 봉우리만 보인다. 가리산 발치 가까이 다다르면 7미터 높이의 물줄기가 세차게 쏟아지는 용소폭포를 만나게 된다. 젖무덤 아래 폭포라? 그래서일까. 이 계곡에서 흘러내리는 냇물은 어떠한 가뭄에도 끄떡없는 충분한 농업용 수원이 되어 아랫마을 가래들과 철정들을 그리고 멀리

삼포들녘까지의 젖줄이 되어준다.
　가리산을 오르려면 가리산 휴양림을 거치게 된다. 이곳 주차장을 지나 두 계곡물이 합치는 합수골에 이르면 등산로는 두 갈래로 팔을 벌린다. 이곳에는 등산로 약도가 가리산 정상을 다녀오려면 3시간 30분 정도가 소요됨을 처음 찾는 산행객에게 넌지시 일러 준다.
　가리산은 가래나무가 많아 가래산으로도 불리었으나 지금은 울창한 참나무류가 주종을 이루어 그 숲이 온 산을 뒤덮고 있다. 참나무류는 가을이면 고운 단풍으로 우리의 눈을 즐겁게 해줌과 나무의 열매인 도토리는 산짐승에 먹잇감을 제공하는 나무가 아니던가. 그런가 하면 참나무의 목재는 건축재나 표고버섯재배 원목으로 또는 참숯을 만드는데 쓰이는 등 정말 여러모로 쓸모가 많은 나무이기도 하다.
　양팔을 벌린 등산로의 오른쪽 길을 택했다. 이 길은 춘천시 물로리 참배나무골로 통하는 가삽고개로 연결되어있다. 이곳을 오르는 계곡에는 단풍이 절정을 이루었다. 그 현란한 단풍잎에 매료되어 눈맞춤하다보니 산행길이 지체된다. 가삽고개 정상에 올라 가리산을 쳐다보니 원형의 세 봉우리가 어서 오라는 듯 손짓한다. 발길을 재촉했다. 가리산 제2봉과 3봉을 거쳐 암벽으로 이루어진 산의 철주 난간과 철계단을 밟고 제1봉의 정상으로 향했다. 이곳을 오르다보니 서리가 내린다는 상강이 아직도 닷새나 앞서 있건만 응달진 길섶에는 서릿발이 흰 이빨처럼 드러내 보였다.
　드디어 가리산 해발 1,051미터의 제1봉 정상에 올라섰다. 산을 오르는 계곡 입구에는 단풍이 절정을 이루고 있었건만, 정상에는 벌써 나무들이 낙엽으로 제 발등을 덮고 겨울 맞을 채비를 하고 있다.

이곳에서 바라본 풍광은 과연 '강원 제1의 전망대'라고 불릴 만큼의 그 운치가 뛰어나다. 산정에서 산기슭에 이르기까지 사면팔방 쭉쭉 뻗은 산줄기가 마치 살아 숨 쉬는 듯하다. 저 멀리 아련하게 춘천의 소양댐 호수가 시야에 들어온다. 어느 방향으로 몸을 돌려 보아도 막힘없이 탁 트인 전망이 가슴속 폐부까지 시원한 느낌을 준다.

가리산에는 명산답게 명당으로 알려진 묘의 전설이 있다. 바로 한천자(韓天子) 부친의 묘소다. 옛날 가리산 기슭에 한 씨 부부가 살고 있었다. 어느 날 한 도승이 나타나 달걀 두 개를 땅에 묻고 얼마 후 닭이 되어 나오자 사라져 버렸다. 그 일이 있고 난 뒤 한 씨는 세상을 떠났고 그의 아들은 닭이 나온 곳에 부친을 매장하였다. 그 후 한 씨 아들은 한(漢) 나라로 건너가 천자가 되었다 한다. 이때부터 한 씨의 묘소가 영험(靈驗) 있는 명당자리라고 알려져 지금도 심마니들이 산삼을 캐러 갈 때는 한 천자 묘소에 벌초하거나 제를 드리는 관행이 이어져 내려오고 있다 한다.

가리산 정상에서 동쪽으로 내려다보면 샘재라는 마을이 마주 보인다. 이 마을이 가리산 정기를 받았음인지 명당 터로 알려진 곳이다. 로또복권이 2002.12.7. 제1회를 첫 시작으로 탄생한 그 이듬해 제19회 차에 국내 복권 사상 1등 최고금액인 407억 원이 당첨되어 세인을 깜짝 놀라게 했던 주인공이 바로 이곳 출신이다. 어디 그뿐인가. 2등이 몇 주 사이 이웃에서 연거푸 당첨된 바 있는 사실이 그를 입증하고 있다.

산정에서 발등 아래 펼쳐진 아름다운 경관에 취해 시간 가는 줄 몰랐다. 시계를 보니 오후 네 시가 넘은 시각이다. 하산을 서두른다. 가리산은 홍천군 두촌면과 화촌면, 그리고 춘천시 북산면이 경계를 이루고 있다. 그러므로 정상에서의 길 또한 이 세 곳으로 통하는 길이 연결되어있다.

제1봉에서 동쪽 하산 길을 따라 내려오면 암벽 사이에서 맑은 물줄기가 나오는 석간수를 만난다. 이 샘물이 등산으로 지친 산행객의 목을 축여주는 감로수다. 이 석간수는 다른 곳과는 달리 시설물을 설치하지 않은 자연 상태로 유지되고 있다. 바위틈에서 나오는 물줄기에 누군가 참나무 잎 한 장을 끼워놓아 그 잎을 타고 흐르는 샘물을 마시게 해놓았다. 이 얼마나 운치 있는 모습인가. 흔히 약수터란 곳에 가보면 각종 시설물을 설치한 탓에 자연경관을 훼손하는 일이 허다하건만 이처럼 자연 상태 그대로 유지하는 모습을 보니 마음 흐뭇해진다. 여기서 나오는 작은 물줄기가 계곡을 타고 흘러내려 홍천강 사백 리 길을 통하여 유유히 한강으로 향하는 긴 여정을 나선다.

처음 등산로가 시작되는 휴양림 주차장으로 되돌아와 보니 어느새 입술 같아 보이던 가리산 두 봉우리가 입을 벌리고 기우는 해를 꼴깍 삼키고 있었다.

우리나라에는 가리산이란 같은 이름을 가진 포천 이동면에 해발

775미터의 또 하나의 산이 있다. 이 산 입구에는 가리광산이라는 오래된 폐광이 있다. 비료의 주요성분인 가리를 채굴하였다 하여 그 당시 '가리산'이란 이름이 붙여진 것으로 추측된다 한다.

홍천 가리산(加里山)의 이름을 풀이해 보면 '마을을 더한 산'으로 해석할 수 있다. 이 산이 품고 앉은 마을이 애초에는 천치리(泉峙里)로 불리었으나 1983.10.1. 지금의 천현리(泉峴里)로 개명되었다. 그러니 한 마을에 또 다른 이름으로 옷을 덧입은 격이다. 결국, 한 마을을 더한 셈이 되지 않는가.

언제부터 가리산이라 불렸는지 정확히 알 수는 없으나 장차 이 마을 이름이 바뀔 것으로 예견이나 한 듯 말이다.

(2007. 10)

금학산

　홍천에는 자연의 빼어난 관광명소 9경이 있다. 이 중 네 번째 절경으로 불리는 '금학산'을 오르기로 했다. 이 산은 우리나라에 동명이인처럼 강원도 홍천과 철원에 경상북도 의성과 경산 등에 네 곳이 있다.
　오늘이 백로다. 절기상으로야 가을 속으로 덥석 발을 들여놓은 때라지만 아직 한낮 더위는 녹록지 않다. 홍천의 금학산을 오르는 곳은 여러 갈래가 있지만 크게 두 길을 손꼽는다. 남면 노일리 시내버스종점에서 출발하는 길과 북방면 금학산 관광농원에서부터 출발하는 등산로가 그것이다. 나는 후자의 길을 택했다. 산을 오르는 들머리부터 울창한 나무숲 터널 안으로 빨려들 듯 첫걸음이 시작되었다.
　금학산은 전국 산악인들에게 꽤 알려진 산이다. 등산로 옆 나뭇가지에 걸려 있는 색깔도 다양한 산악회 명칭 리본이 그를 대변해

준다. 서울을 비롯하여 대전광역시, 경북 구미, 멀리는 전남 목포 지방에서까지 다녀간 발자취가 저마다 자랑이라도 하듯 다투어 리본이 얼굴을 내민다.

첫 번째 용삼고개를 넘었다. 손은 이마에 흐르는 땀을 훔치지만, 눈길은 주변에 울창한 나무숲으로 자꾸 빠져든다. 저마다 천연림의 수종들이 사이좋게 어울려 있다. 참나무류를 비롯해 자작나무, 소나무, 생강나무, 잣나무, 싸리나무, 산벚나무 등 마치 인간이 함께 살아가는 모습을 보는 듯하다. 백인종, 흑인종, 황색 인종을 대하듯 나무의 키와 껍질 색깔도 저마다 다르기 때문이다. 등산로 옆으로는 유난히 곧게 뻗은 굴참나무가 군락을 이루고 있었는데 아름드리나무는 누군가 예전에 껍질을 벗겨간 흔적이 보인다. 이 모습을 보니 마치 빼빼로 과자가 연상된다. 굴피 껍질은 코르크가 성장하여 와인 병마개나 지금은 보기 어려운 산촌 인가의 지붕을 잇는데 사용되기도 했다.

등산로를 따라 언덕을 오르는가 싶으면 또다시 내리막길로 이어진다. 이를 몇 번이고 반복한다. 인간의 삶도 마찬가지이리라. 나의 젊은 시절도 힘겹게 언덕배기를 오르던 시절이 있었는가 하면, 어떤 때는 힘 안 들이고 평탄한 길을 타박타박 걷기도 했다. 그런가 하면 겨울철 빙판길 언덕을 내려가듯 조마조마했던 시절도 있었다. 등산길이 지나온 내 삶의 여정을 되짚어가는 듯하여 깊은 상념에 젖어보기도 한다. 걷다가 힘들면 길섶에 앉아 들꽃을 감상했다. 참취꽃의 희고 여린 꽃대가 바람에 하늘거린다. 저리도 연약한 꽃이 어찌 야생으로 홀로 살아가나 생각하니 마치 연약한 여인의 모습을 보는 듯하다.

산길을 걸으며 주변을 두리번거렸다. 어느 곳인지는 짐작할 수 없으나 고종 때 문하시중의 벼슬을 지냈고 팔만대장경을 각판하는 불사를 총지휘한 홍천 龍씨 시조인 용득의(龍得義)란 인물이 있었다. 그는 고려가 몽골 지배를 받자 벼슬에서 물러나 향리인 금학산 기슭에 은거, 산수를 즐기며 만년을 보낸 곳이었기 때문이다.

"금학산 정상까지 가려면 두어 시간은 족히 걸릴 거요."라며 마을 어귀 콩밭에서 일하던 촌로가 일러준 말이 떠오른다. 시간상으로 봐선 산 정상을 거의 다 왔다 싶을 때다. 오르고 내려가기를 반복하던 등산길이 낙타 등처럼 잘록하게 생긴 능선을 따라 한없이 내려만 가고 있다. 산정상은 하늘 높은 줄 모르고 버티고 서 있건만 어쩌자고 이리도 내리막길로 이어지고 있나 싶다. 또다시 오를 생각에 걱정이 앞선다. 시간은 이미 정오를 넘겼고 발길 또한 무겁기만 한데 정상 봉우리를 쳐다보니 슬며시 맥이 풀린다.

인생 여정도 마찬가지다. 삶의 종착역이 빤히 보인다면 그 삶이 어찌 생기가 날 것이며 의욕이 있겠는가. 생의 종착역을 어느 때 이르는지 모르기에 몇 백 년을 살 듯 아옹다옹 사는 게 우리 인생이 아니던가. 등줄기를 타고 흐르는 땀을 식힐 겸 길섶에 주저앉아 배낭에서 캔 맥주 하나를 꺼내어 갈증을 없애고 또다시 정상을 향해 걷는다. 묵묵히 걷다 보니 드디어 출발한 지 두 시간 반 만에 산 정상에 도착했다.

산 정상에는 대여섯 명은 족히 궁둥이를 붙일 만한 바위 하나가 놓여있다. '금학산, 해발 652미터 홍천군'이라는 표지석이 나그네를 말없이 맞아준다. 이때 시원하게 불어오는 산바람이 땀으로 젖은 온몸을 씻어주었다. 힘겹게 오르느라 고생했던 생각도 잠시, 눈앞에 펼쳐진 경관을 조망하는 순간 피곤함은 일순간 저만치 밀려가 버린다.

금학산 정상에서 조망하는 엄지 풍경은 역시 발아래 펼쳐진 '태극문양 노일마을'이다. 이 빼어난 천혜의 풍광을 어찌 눈으로만 감상하고 말일인가. 서둘러 카메라를 꺼내어 렌즈 속에 이 전경을 담아두었다. 자연의 태극문양을 이룬 강줄기는 홍천강의 발원지인 서석면 미약골에서부터 출발한다. 사백 리에 이르는 홍천강줄기는 내촌, 두촌, 화촌을 거쳐 동면 냇물과 합수된다. 이 강물이 홍천읍내를 휘돌아 내려와 북방, 남면 물과 합하여 이곳에다 억겁의 세월을 두고 자연의 아름답고 정교한 태극문양이란 수(秀) 작품을 빚어놓았다. 이 앞에서 어찌 자연의 신비함에 감탄하지 않을 수 있겠는가. 아무리 인간이 만물의 영장이라지만 인위적으로는 감히 저 아름다운 풍광을 흉내나 낼 수 있을까 싶다. 하지만 이 위치에서 저 멋진 태극문양 전경을 온전한 모습 그대로 볼 수 없음이 아쉽다. 하천 아래쪽 일부가 산발치에 가려 시원스레 보이질 않기 때문이다. 이것이 바로 옥에 티라 하겠다. 그러나 어찌 이 세상에 무결점의 완벽함만이 있을 수 있겠는가.

강원도 영월에 가면 선암마을에 한반도 지형을 빼닮은 곳이 있다. 이곳 또한 서해 격인 왼쪽 부분에 어느 시멘트공장이 우뚝 서 있어 풍치를 흐리게 하고 있다. 정선의 병방산 관망대에서 내려다 본 유사 한반도 지형은 일부 지역의 인위적인 조림이 기존 자연림과 조화가 잘 안 되어 미적 감각이 떨어지는 흠이 있지 않던가. 우리 속담에 '언청이 아니면 일색'이라는 말이 있다. 어쩔 수 없는 결정적인 흠을 탓함이다. 다시 보아도 아쉬운 마음에 무릎을 친다.

금학산은 그리 높지는 않지만, 산정에서 바라보면 홍천군이 자랑하는 9경 모두를 멀리서나마 그 위치를 가늠할 수 있는 곳이다. 태극문양 노일마을을 바라보는 위치에서 시계방향으로 눈길을 돌리면 나무숲 사이로 제1경인 서면 '팔봉산'자락이 얼굴을 내민다. 북북동쪽으로는 멀지만 제2경인 두촌면의 '가리산'이 시야에 들어온다. 제7경인 '용소계곡'이 있는 고개를 넘으면 내촌면의 제5경 '가령폭포'가 있는 백우산이 아련히 보인다. 시선을 멀리 동쪽으로 향하면 내면의 제9경 '삼봉약수'가 있는 '가칠봉'과 제8경 '살둔계곡'이 있는 고봉준령을 희미하게나마 위치를 눈짐작하게 한다. 홍천강 발원지이며 제3경인 서석면의 '미약골'과 영을 넘어 동면의 제6경인 '수타사'를 품어 앉은 공작산 봉우리가 손에 잡힐 듯 또렷이 눈맞춤을 한다. 이렇게 한곳에서 제주도 면적과 엇비슷한 홍천군 전체를 조망할 수 있는 곳이다.

산정에서 주변 경관에 정신을 뺏기고 있던 터에 노일리 방향 등산로를 따라 한 무리의 등산객이 올라왔다. 서울에서 왔다 한다. "와~ 역시 절경이다. 올라온 보람이 있다."라며 저마다 태극문양 노일마을을 조망하며 환호한다.

인제 그만 나도 하산을 서둘러야겠다. 두어 시간 넘게 걸어서 돌아가야 할 부담감 때문이다.

홍천은 무궁화의 고장이다. 무궁화는 나라꽃이며 홍천을 상징하기도 한다. 자연이 만들어 준 홍천의 태극문양지형과 무궁화는 절대로 무관하지 않음을 금학산이 일깨워 주는 것만 같다.

(2007. 9)

발우공양

　강원일보 신문 문화면의 한 기사에 눈길이 꽂혔다. '2007만해축전 시인학교 유명작가, 평론가 총출동'이라는 제하에 내용 중 군침이 도는 메뉴가 있었다. 문단에 저명작가 이름이 줄줄이 나열되었으며 이들의 특강과 백담사 오세암으로 떠나는 '주먹밥 산행'과 '사찰문화체험'이었다. 이 얼마나 가슴 설레는 프로그램인가. 마음은 벌써 백담사 만해 마을로 줄달음치고 있었다.
　며칠 후 만해 마을에 발을 들여놓았다. 경내 자체앰프방송에서는 만해 한용운 선생의 '님의 침묵' 시낭송이 잔잔하게 울려 퍼지고 있어 마치 산사의 분위기를 자아내고 있었다. '님은 갔습니다. 아아, 사랑하는 나의 님은 갔습니다.' 님은 갔지만 나는 이렇게 왔습니다. 2박 3일간 일정의 만해축전 시인학교는 승복을 갈아입음으로부터 시작되었다. 무늬만 불자인 나는 기분이 좀 이상했다. 평소 어느 특정 종교를 믿은 바 없었는데 내 의지와는 상관없이 불교의 승복을 입게 되었기 때문이다.

　입교식이 끝난 후 일과 및 생활안내를 진행 강사한테서 들으니 다소 실망감을 감출 길이 없었다. 내가 가장 관심을 두고 시인학교에 입교를 결정하게 된 주 동기는 '사찰문화체험'과 '주먹밥 산행'이었는데 이중 주먹밥 산행은 사정상 버스로 백담사에 가서 시인의 특강을 듣는 것으로 대체한다는 것이다. 하지만 어찌하랴. '나는 실망하여 중도 포기하고 돌아가겠다.'라는 말이 나오질 않았다. 다만 한 가지는 그나마 체험을 하게 되었으니 그것으로 안위로 삼았다.

　사찰문화체험 중에 '발우공양(鉢盂供養)'이라는 것이 있다. 참여 기간 중 모두 여섯 번의 공양을 받게 된다. 그중 한 끼니를 발우공양 체험을 한다. 몇 번의 계획이 변경되기를 번복하다가 결국 일정의 마지막 날 점심을 발우공양 시간으로 결정되었다. '발우공양'이란 스님들이 사찰에서 각기 자신의 음식 그릇인 발우(바리때)를 가지고 여기에다 음식을 먹을 만치 담아서 먹는 식생활의 일종이다. 시간이 되자 큰 강의실에 전국에서 온 70여 명의 고교생 이상 일반인 참가자가 사각형으로 자리 배치를 하고 앉았다. 벽 쪽 선반 위에 가지런히 놓여있던 발우 공기를 내려서 개인마다 앞에 놓고 기다렸다. 이를 주관하는 스님이 좌석 중앙에 앉자 발우공양에 대한 사전설명이 있었다. 참가자는 2개 조로 양분하여 각각 두 명씩의 행자 역할을 할 사람이 선발되고 음식과 냉수와 국 그리고 숭늉이 담긴 그릇이 좌석 중앙에 준비되었다. 지도 스님이 죽비를 세 번 치는 소리와 함께 공양은 시작되었다. 발우를 감싼 보자기를 순서에 따라 풀고 결가부좌를 한 무릎 앞에 펼쳐놓았다. 발우 공기는 모두 4개로 구성되었다. 크기가 서로 달랐는데 제일 큰 그릇 안에 따리를 틀 듯 얌전히 들어 있었다. 제일 큰 그릇은 밥그릇으로 왼쪽 무릎 앞에 다음 크기의 국그릇은 오른쪽 무릎 앞에 밥그릇 뒤에 찬그릇을 놓았고, 국그릇 앞에는 제일 작은 그릇으로 냉수를 담을 그릇이 놓였다.

제일 먼저 공양을 시작하기 전에 스님의 지시에 따라 오관게(五觀偈)를 읊었다. '이 음식이 내가 먹게 될 때까지 수많은 사람의 피땀과 노력을 뒤돌아보고, 자신의 덕행에 공양을 받음에 부족함은 없는지, 공양을 받으며 탐욕심을 일으킴은 없는가. 이 공양은 내 몸을 유지하는 약으로 생각하고, 오직 불도를 이루려 함이다.'라는 것이 주요 내용이다.

음식 하나에도 곡식을 가꾼 농심을 헤아리고 그 곡식이 이곳에 오기까지의 손을 거친 사람들과 이것으로 밥은 지은이들의 노고에 감사하다는 것이다. 또한, 이런 공양을 받음으로 생기는 에너지를 헛되이 사용치 말라는 심오한 뜻이 담겨있다. 스님의 죽비 치는 소리에 따라 다음 순서가 차례대로 진행되었다. 행자가 따라주는 물은 두 손으로 제일 작은 그릇에 받아 큰 그릇부터 작은 그릇에 이르기까지 불순물을 씻어내는 순서다. 큰 그릇부터 작은 그릇으로 이어지는 순서는 예부터 우리 고유풍습인 장유유서의 순서라는 생각이 든다. 이어서 밥과 국은 먹을 만치 받고 다섯 명마다 하나씩 마련된 반찬 모둠 상에서 순서대로 먹고 싶은 양을 자신의 찬그릇에 옮겨 담는다.

　스님은 이어서 강조한다. 수저와 그릇이 부딪치는 소리, 음식을 소리 내어 씹거나 옆 사람과의 어떤 이야기도 나누어서는 안 된다고 했다. 정말 '식불언(食不言)'이다. 너무나 경건하고 엄숙한 분위기 때문에 어린 학생들에게는 이 공양 시간이 고역의 순간으로 느껴지는 눈치였다. 공양을 마치고는 자신이 사용한 그릇은 숭늉 물에 단무지 한 조각을 이용하여 깨끗이 닦는 일이다. 이 또한 밥그릇부터 국그릇 찬그릇으로 이어진 후 맨 끝으로 그릇을 닦은 물은 단무지 조각과 함께 자신이 먹는다. 끝으로 제일 작은 그릇에 수저가 담겨있던 냉수로 다시 한 번 손을 이용하여 숭늉으로 닦던 순서대로 그릇을 깨끗이 닦는 순서다. 이렇게 닦은 물은 놓아두었다가 행자가 빈 양동이를 들고 다니며 거둬들여 스님 앞에서 검사를 받는다. 이때 그릇 닦은 물에 음식물 찌꺼기가 있거나 불순물이 발견될 때는 벌칙의 순서가 기다린다. 즉, 그릇 닦은 물을 지적받은 그 조가 나누어 마셔야 한다.

　나는 이때 웃지 못할 실수를 했다. 스님의 설명을 잘못 듣고 첫 번째 숭늉으로 그릇을 닦은 후 그 물을 마시듯 두 번째 그릇 닦은 냉수 물도 자신이 마신다는 것으로 잘못 들은 것이다. 입을 다물라는 엄명(?)이 있었기에 옆 사람에게 물어볼 엄두도 못 내고 그릇 닦은 물을 한 모금 마시면서 슬쩍 옆 사람을 보니 남들은 그릇에 물이 그냥 있는 게 아닌가. 그제야 눈치 채고 얼른 도로 놓았지만, 결국은 내가 속한 조가 그릇 닦은 물이 깨끗하지 못하다는 스님의

판정이 났다. 이 때문에 식기 닦은 양동이에 그 물을 나누어 다시 마시게 되었다. 아마도 벌 받을 것을 미리 예견이라고 한 것처럼.

　스님은 말했다. 음식은 누가 봐도 맛있고 복스럽게 먹어야 한다고. 비록 설거지물이지만 기왕 먹는 것 얼굴 찡그리지 말고 먹으라는 주문이다. 하지만 아무리 맛있게 먹으려 해도 마음속에서는 아니지, 이건 아니지 무언의 도리질을 하는 것 같았다. 이래서야 어디 불도를 닦을 수 있겠는가. 아무리 노력해도 나는 수도자의 길은 어려울 것 같다.

　공양을 마치고는 처음 공양 도구를 펼칠 때와는 반대로 그릇을 챙겨 순서에 따라 보자기로 묶는 것이다. 평소 집에서는 십여 분도 채 안 걸리든 식사시간이 한 시간이 넘도록 진행되는 발우공양을 체험했다.

　그렇다. 음식물은 욕심을 내어서도 안 되고 천하게 함부로 버려서도 안 된다. 적당히 골고루 나누어 먹는 평등 공양의 뜻이 담겨 있기 때문이다. 언제인가 식사시간에 동석한 사람과 대화를 나누다 본의 아니게 반찬 그릇에 침이 튀는 일 때문에 미안하고 쑥스러웠던 기억이 난다. 또한, 뷔페식당에서는 필요 이상의 음식을 욕심내다 결국은 음식물 쓰레기로 배출한 일은 왜 아니 없었겠는가. 어찌 보면 발우공양이 위생 면과 청결함 그리고 간편함과 절약 면까지를 염두에 둔 참된 식생활이 아닐까 한다.

　이번 발우공양 체험을 통해서 5, 60년대의 가난했던 시절을 결코 망각해서는 안 된다는 것을 자각한 셈이다. 어디 그뿐인가. 지금도 지구 한쪽에서는 헐벗고 굶주려 아사자가 속출하고 있다지 않은가. 또한, 음식물 찌꺼기로 인한 환경오염과 이를 처리하기 위한 지방자치단체의 처리비용 또한 만만치 않음을 생각하지 않을 수 없다. 이렇듯 사찰문화체험에 따른 '발우공양'이 나에게는 큰 교훈을 주었다.

'님의 침묵' 시낭송 앰프방송은 수료식을 마치고 헤어지는 시간에도 이어지고 있었다. '…떠날 때 다시 만날 것을 믿습니다.' 내년에도 다시 오고 싶은 마음에서였을까. 뒤를 돌아보았다.

(2007. 8)

문자로 쓴 내 얼굴

 아버지는 '장땡'을 잡으신 거다. 어머니가 자식을 내리 셋이나 이런저런 일로 잃고 네 번째로 나를 얻으셨다. 얼마나 대견스러웠으랴. 고것도 아들이었으니. 그러나 이렇게 태어난 자식이었건만 정작 출생신고는 곧바로 이뤄지질 않았다. 몇이나 거듭 실패를 한 자식 농사이었으니 부모 마음이야 오죽했을까.
 사람은 출생신고를 함으로써 그 이름이 비로소 공부(公簿)에 오르게 된다. 이때부터 자신의 이름은 또 하나의 '문자로 쓴 얼굴'로 탄생하는 셈이다.
 내 이름이 처음에는 '갑렬'이었다. 이는 출생신고용이 아닌 임시로 부르는 이름이었다. 연작으로 실패한 자식농사에 혹시나 하는 염려에 서였지 싶다. 그러했기에 아버지께서는 좋고 나쁨을 따지고 말고 할 것도 없이 그저 담배 한 대 피우시다 얼핏 떠오른 이름이 아니었겠냐는 짐작이 간다. 이를 나름대로 유추해보면 첫아이란 뜻에서 간지(干

호)의 천간 중에 첫 글자인 '갑(甲)'이란 글자를 생각하신 것 같다. 그러나 이 '갑렬'이란 단어가 통상 발음으로는 '감열'이라 불린다. 지금도 어렸을 적 생각을 하고 사촌들은 나를 이렇게 부를 때가 있다. 설사 그렇게 안 불렀다 해도 상대방은 그렇게 들리기 때문이다. 그러니 웬 생뚱맞은 '감열'이람. 이는 곧 '감이 열 개'란 말이 아닌가. 내 어린 시절 살던 고향에는 감나무를 볼 수 없다. 겨울철 몹시 추운 지방이라 감나무 재배가 안 된다. 그래서 감하고는 거리도 멀고 연관을 지어 생각할 수 없는 게 감이다. 어쩌다 제사상 위에 오르는 곶감이나 연상될지는 모르지만. 지금 혼자 생각해봐도 풍선 바람 빠지는 소리처럼 '푸~욱' 하고 웃음만 난다.

출생한 지 반년이 지난 후에 정작 출생신고용으로 다시 지은 이름 또한 고만고만한 병아리를 보는 듯한 '영렬'이었다. 아버지께서는 그래도 어렵사리 얻은 자식이니 장차 권력과 부귀를 누리며 잘 살라는 뜻으로 영화 '영(榮)'자를 항렬자인 '렬(烈)'자 앞에다 장독에 무장아찌 박듯이 넣은 것이 '문자로 쓴 내 얼굴'이 되었다.

그러나 초등학교 시절 한동안 이 때문에 나이가 어금지금한 아이들로부터 놀림감이 됐다. '영'이란 글자가 이는 곧 '빵'이란 의미일 수도 또는 '공'이란 유사점이 있지 아니한가. 그런 까닭에 본의 아니게 짓궂은 애들이 '빵열아!(烈자는 열로도 불림)' '공열아!'라며 제멋대로 이웃집 강아지 부르듯 하는 것이었다. 처음에야 낯을 붉히면서 일일이 대거리를 해보았지만, 언제부터인가 제풀에 자포자기하고 말았다. 그 뜻이야 어떻든 아이들 세계에서야 우선은 놀려 먹고 보자는데 목적이 있을 뿐이다. 그러나 당하는 입장에서야 어디 부처님상 같으랴. 종종 이 때문에 기분이 상한 나는 아버지께 '이름을 고쳐 달라'며 몽니를 부리곤 했다. 이런 내게 아버지는 "이놈아, 네 이름이 그래도 좁쌀 서 말 주고 지은 이름이다."라고 지청구를 하실 뿐이다.

그로부터 한참 뒤 철이 난 시절에 더는 이름에 연연하지 않기로 생각을 바꾸었다. 다만, 모든 일에 요행을 바라거나 땀 흘리는 것에 인색하지 말자라고 나름대로 작심했기 때문이다. '흐르는 냇물은 쉬지 않는다.(川流不息)' 이것이 그때부터 나의 좌우명이 됐다.

아무튼, 그 좁쌀 서 말의 이름 지은 값 때문인지, 평소 노력의 대가인지는 몰라도 60여 성상을 살아오면서 아직은 개인적이나 가정적으로나 만족한 삶이었다고 생각한다. 비록 영화는 누려보지 못했지만 '문자로 쓴 내 얼굴'에 불만은 없다.

지난 공직 시절 한때 호적 실무를 담당한 적이 있었다. 어느 날, 한 친구가 뜬금없이 부인과 함께 사무실로 찾아왔다. 혹시나 이혼이라도 하려는 것이 아닐까 하는 지레짐작으로 긴장했다. 하지만 이 친구는 엉뚱하게도 마누라 이름을 바꾸어야 하겠단다. 사유인즉 마누라 이름 때문에 자신이 출세를 못 한다는 것이다. 그 친구의 부인 이름은 ○○이었는데 세 자매의 막내란다. 이러하니 그 이름의 배경은 설명 안 해도 자연히 밑그림이 그려진다. 이번에는 아들이겠지, 한 기대심리가 빗나가자 이젠 자식 낳기는 종을 치고 아들같이 잘 키우겠다는 뜻이 담겨있으리라. 그런 처부모의 깊은 마음을 헤아리지 못하고 함부로 자신의 문제와 연관 지으려는 이 친구에게 한마디로 퉁을 주었다. 당시에는 직장에서의 답답한 심정을 친구인 내게 도움을 구하려고 찾았건만 문전박대를 당한 기분이었으리라. 하지만 지금 생각하면 부질없는 짓이었음을 깨우쳤을 것이다. 그 친구, 시간은 좀 걸렸지만 결국, 자기 뜻대로 승진을 했으니 말이다.

이렇듯 인생 여정에서 어느 시기에 뜻대로 일이 잘 풀리지 않으면 엉뚱한 생각을 하는 이들을 주변에서 가끔 볼 때가 있다. 마치 그 잘못이 조상 탓이라도 되는 양, 선친의 유택을 이장해볼까. 또는 부모님이 지어주신 이름을 고쳐 볼까 하기도 한다. 사람이 살아가면서 때론 마치 등나무 줄기 꼬이듯 하는 인생사가 그 어찌 조상 탓이나 이름 탓이랴.

'문자로 쓴 내 얼굴' 바로 자신이 가꾸기 나름 아니겠는가?

(2007. 6)

*몽니: 심술부리고 사납게 떼를 쓰다.
*퉁: 무뚝뚝하고 퉁명스러운 핀잔.
*어금지금: 정도나 수준이 거의 비슷한 모양을 나타내는 말.
*대거리: 상대방에 맞서거나 말이나 행동으로 대듦.

문자 검문소

 검문소에서 딱 걸리고 말았다. 누구나 검문소라면 헌병이나 경찰관이 통행인을 상대로 거동이 수상한 자를 검문하는 곳을 떠올리기 쉽다. 하지만, 얼굴 안 보이는 무인 검문소도 있다는 것을 알게 되었는데 이곳에서 발목을 잡힌 것이다.
 내 어렸을 적이다. 멀리서 보면 우리 동네 한가운데를 눈밭에 통나무 끌고 간 자리처럼 신작로가 나 있다. 이 길 한복판에는 작은 건물 하나가 오뚝하게 자리 잡고 있었다. 이곳에는 마치 절의 산문을 통과할 때 보이는 사천왕상처럼 눈을 부릅뜨고 무장한 군경이 근무하는 검문소란 곳이다. 이 지역을 통과하는 자동차는 반드시 정차하여 검문을 받아야만 지날 수 있었다.
 철부지 시절, 나는 한때 서울을 동경한 나머지 무모한 가출을 꿈꾸었다. 어둠이 시야를 덮어주는 밤에 몇 번씩이나 가족 몰래 막차를 타려고 했다. 뒤쫓을 수 없는 막차를…. 하지만 그 꿈은 끝내

불발탄으로 녹이 슬고 말았다. 바로 검문소란 곳에서 잡히고 말 것 같은 불안감이 헛된 가지를 싹둑 잘라버렸기 때문이다.

청소년기 때를 벗고 입대를 한 후에도 검문소는 역시 반가운 곳이 아니었다. 휴가를 받고 집에 가려면 피할 수 없는 곳이 검문소다. 검문 헌병이 버스에 올라 "잠시 검문 있겠습니다."라는 말이 선전포고같이 들린다. 그가 내 앞에 오기도 전에 가슴은 다듬이 방망이질을 해대며 괜히 주눅부터 드는 것이었다.

이런 검문소가 지금은 거의 철거가 되었지만 군사 정권시절만 해도 전방이 가까운 지역일수록 많이 있었다. 이곳을 통하여 간첩까지는 모르겠으나 적지 않은 중요수배자가 검거됐을 것이다. 그래서일까. 여기를 통과할 때면 죄 없는 공연(公然)한 사람일지라도 이유 없이 그냥 마음이 편하지 못했다. 이는 아무래도 검문소란 특수한 분위기와 무장을 한 군경으로부터 느끼는 위압감에서 오는 불안 심리가 작용하지 않았나 싶다.

그러나 돌이켜 보면 검문소란 죄 없이 두려운 곳이면서도 내겐 고마운 곳이었다. 철없이 방황하던 청소년기에 하마터면 절망의 나락으로 빠질 뻔한 것을 간접적으로나마 구해준 곳이 아니었던가.

며칠 전, 인터넷상에서 어느 지방자치단체 홈페이지에 글을 올릴 기회가 있었다. 글을 다 쓰고 확인 버튼을 누르려니 어떤 거동수상자(?)가 있다는 경고성 메시지가 코앞을 가로막는다. 바로 얼굴 안 보이는 문자검문소(스팸차단기능)가 있었던 것이다. 올리려는 글 내용이 특정인을 비방하려거나 저속한 육두문자를 넣은 것도 아니었다.

그렇다고 퇴폐, 불량성 광고를 하려는 것은 더더욱 아니었다. 이런 사정을 사람이라면 직접 설명이라도 할 수 있으련만….

내가 혹시 실수로 오타를 한 문장이 있나 살펴보아도 하자는 없었기에 거듭 통과를 시도해보았다. 하지만 벽창호 같은 문자검문소의 태도는 바윗돌 같았다. 반응은 역시 "안돼!"라며 꺽지게도 막무가내식으로 자신의 옹고집만을 탱크처럼 밀어붙인다. 더는 거동수상자의 신원확인이 안 되면 잡아가기라도 할 듯이.

다시 한 번 왕방울 같은 동공을 열고 살펴보았다. 바로 문자검문소에서 거동 수상자로 지목한 것은 "고슴도치도 제 '새끼'는…. 도서 '대출'…. 종착과 '시발'…." 등의 단어가 문제가 된 것이었다. 황당했다. 조금도 의심받을 만한 자가 아님에도 수상한 자로 몰아붙인 처사가 마뜩찮다. 하지만 어찌하랴 '로마에 가면 로마법을 따르라.' 하지 않든가. 결국, 문제가 된 부문을 다른 용어로 수정할 수밖에 달리 방법이 없었다.

등록을 마치고 돌아서면서 애꿎은 해당 홈페이지 화면에 대고 눈만 흘기고 말았다. 인간이 아닌 입력된 프로그램에 따라 움직이는 기계를 탓해 무엇하랴. 하지만 감성이 미약한 외골수의 벽창호 같은 사람에게 뒤통수를 맞은 것 같아 마음은 가볍지 못했다. 문자검문소의 취지를 이해 못 하는 바는 아니다. 다만, 아쉬움이 있다면 상황에 따라 유효적절하게 대처할 수 있는 프로그램 보완의 필요성이다.

인터넷상의 옹고집쟁이 문자검문소가 자신을 뒤돌아보게 하였다.

과거 현역 재직시절에 나도 혹여 융통성 없는 공무처리로 인해 주민에게 실망이나 피해를 주지는 않았을까. 때로는 살아가면서 나만의 잣대로 상대방에게 상처를 준 일은 없었는지….

나이는 어느새 인생의 완숙기인 가을철에 당도했음에도 여전히 지내놓고 보면 후회할 일이 생긴다. 다시금 마음의 옷매무새를 여미어본다.

(2007. 5)

*마뜩찮다: 별로 마음에 달갑지 않다.

손가락이 찍은 웃음

　휴대전화가 웃겼다. 어디 웃기기만 했나. 갓난아기 발바닥만 한 고 작은 것이 나를 멍청이로 만들기까지 했으니 어처구니없다.
　우리에게 휴대전화는 대중화의 바람을 타고 손목시계의 위상을 깔아뭉갠 채 이제 생활필수품의 자리까지 꿰차고 앉아 버렸다. 그것도 윗자리에. 요것이 작다고 깔보지 말라는 듯 겹벌이로 나섰다. 본래 업종인 전화라는 간판을 등에 업고 시계와 카메라 영역을 넘보는가 하면 사람을 찾는 위치추적분야까지 진출했다. 어디 그뿐인가 요즘에는 그 기능이 놀라울 정도로 발전한 휴대전화가 새 얼굴로 나타나면서 온 세계와 통할 수 있는 인터넷이나 음악, 게임, TV 등 다양한 분야를 종횡무진 활보하고 있다.
　휴대전화의 기능 범위는 여기서 머물지 않고 미래에 어느 단계까지 튈지는 그 누구도 모른다. 이렇게 깜찍하면서도 많은 기능을 보유한 휴대전화지만, 아직은 사람의 손가락 힘을 빌리지 않으면 한낱 어린아이 장난감에 불과하다. 그러다 보니 때로는 손가락이 사고를 쳐 배꼽을 잡는 촌극까지 연출되기도 한다.

며칠 전이다. 영남지방에 거주하는 어느 가까운 지인에게 중요한 행사가 있다는 소식을 접했다. 꼭 참석하여 축하해야 할 행사였다. 그런데 공교롭게도 같은 날 하필이면 고향 친구의 아들 결혼식 일정과 겹치는 게 아닌가. 그로 말미암아 미안한 마음에 우선 편리한 대로 휴대전화 문자메시지를 보냈다. "○○행사를 축하합니다. 여건상 참석 못 해 죄송합니다."라고 보냈더니 곧이어 회답으로 "감사해요^^ 벚좇 구경 차 내려오심, 좋을 텐데요.(다음 내용생략)"라는 문자메시지가 도착했다. 이를 언뜻 보고 웃음이 폭발하고 말았는데 채신머리없이 절제하지 못하고 혼자 큰소리로 웃기까지 했다. 마침 집안에 아무도 없었으니 망정이지 가족이나 누군가 이 모습을 보았더라면 갑자기 정신이 무단이탈한 사람으로 오해받기 딱이었지 싶다.

그렇게 한참이나 신나게 웃어젖히다가 어딘가 미심쩍다 싶어 휴대전화에 문자메시지를 다시 살펴보기로 했다. 시속 60km로 달린다는 인생 열차를 타고부터는 시력이 예전 같지 않다. 평소 안경을 끼지는 않지만, 잔글씨를 보면 아지랑이를 보는 것 같다. 좀 더 자세히 그리고 확실하게 보기 위해 돋보기를 사용했다.

그럼 그렇지. 나를 웃긴 문제의 '벚좇'이란 단어는 '벚꽃'의 글자를 잘못 누른 것으로 판단된다. 바로 문자입력을 할 때 벚꽃이란 '꽃'자의 '쌍기역'을 '지읒'으로 그만 손가락이 사고 친 것을 그대로 상대방인 내게 전송된 것으로 짐작이 간다. 더욱 웃기는 것은 문자메시지 작은 글자를 얼핏 보고 내가 곡해를 했다는 거다. 바로 '벚꽃'의 두 번째 글자를 어느 비속어로 잘못 보고 웃음보가 터진 것이니 민망스럽다. 졸지에 멍청이가 됐다. 어찌 이런 실수를….

지난해 12월, 어느 텔레비전에서 생방송 뉴스 진행 아나운서와 옆에 있던 기자까지 방송 사고를 낸 적이 있었다. 바로 MBC의 일일시트콤 '지붕 뚫고 하이킥'이 '빵꾸똥꾸'란 단어 때문에 방통위로부터 권고조치를 받은 사실을 전하다 웃음을 참지 못한 결과다. 그 당시 나는 저렇게까지 웃음이 나올까? 의아했는데, 오늘 자신의 행동을 뒤돌아보니 쥐구멍이라도 찾고 싶다.

실수란 누구에게나 있을 수 있다. 솔직히 실수 없이 깐깐하기만 한 사람은 가까이하기가 두렵다. 혹시나 내 실수를 그에게 보일까봐 신경 쓰이기 때문이다. 때로는 가벼운 실수도 하며 모나지 않게 살아가는 사람, 남의 작은 허물도 웃음으로 덮어 주는 사람, 나는 그런 사람이 좋다.

우리가 사는 지구에서 유일하게 웃을 수 있는 동물은 인간뿐이다. 웃음이란 긍정적인 사고의 바탕 위에서 위협이 없는 무장해제의 상황, 즉 마음을 풀어놓은 상태라야 진정한 웃음이 가능하다. 마음이 불안하며 초조하고 주변에 위협을 느끼는 상황이라면 웃음이 나올 수 있겠는가.

요즘에는 심한 우울증이나 불면증, 자살 충동 등을 이겨내게 할 수 있는 웃음치료사가 있다. 약물이나 어떠한 치료보다 효과가 있다 한다. 그러하기에 웃음은 곧 만병통치약이요, 신통방통한 묘약이다.

웃을 수 있다는 것은 행복이다. 웃음으로써 마음이 즐거워지기 때문이다. 어느 서적에서 보니 우리 인간은 일반적으로 기뻐서 웃는 것으로 생각하나 실은 "사람은 웃음으로서 기쁘다."라고 몇몇 철학자들이 주장했다 한다. 이와 비슷한 예를 보면 "사람은 슬퍼서 우는 것이 아니라 우는 것으로 말미암아 슬프다."라는 주장과 일맥상통한다. 이러하기에 될 수 있으면 많이 웃어야겠다.

작은 휴대전화 하나가 손가락이 찍은 실수로 웃음을 유발케 하더니 대낮 도깨비에게 홀리듯 헛보고 채신머리없이 크게 웃기까지 했다. 하지만, 그 누가 채신없다. 멍청이 같다. 손가락질한들 무엇이 대수일까. 웃음으로 행복해질 수만 있다면.

(2010. 4)

*겹벌이: 두 가지 이상의 직업을 가진 사람들에게 쓰이는 표현.

균 형

　며칠 전, 일곱 살짜리 손주 녀석과 함께 동네 어린이 놀이터에 가게 되었다. 그곳을 막 들어서려는 즈음 놀이터 한 편에 있는 시소에서 한 여자아이가 울음을 터트리고 남자아이 한 녀석은 깔깔대며 도망을 치는 것이 아닌가. 이유인즉 시소를 함께 타던 남자아이가 시소 반대편에서 착지하는 순간 갑자기 빠져나가 버려 꽈당 엉덩방아를 찧었다.
　지난해 이맘때 동네 안과 의원에서 백내장이란 진단을 받았다. 당시 의사는 초기증세이니 수술은 지금 하든가 차후 그 증상이 더욱 심하면 받아도 된다고 했다. 그래서 나는 나름대로 백내장 개선 및 예방에 도움이 되는 어느 참고 서적(일본 '야마구치 고조' 지음)을 구매하여 읽어보았다. 거기에는 "눈 질환 경우 수술은 어디까지나 일시적인 처치에 지나지 않는다. 그럴 뿐만 아니라 백내장 때문에 수정체를 제거하면 그 영향으로 망막이 급격하게 노화되어 황반변성

증이 발병한 확률이 높다."라는 내용이 있었다. 하여 나는 수술을 미루고 대처 방법을 찾기로 했다. 그중 쉽게 이행할 수 방법이 있었다. 즉 아침은 거르고 발아 현미를 주스로 만들어 마시는 것인데 4개월을 이행하여 보았다. 효과는 눈에 띄게 나타났다. 하지만, 지속해서 실행하기에는 무리여서 중단하고 식사량의 8부만 먹는 소식을 하며 삼가라는 육류나 단것, 가공식품, 카페인과 알코올음료 등을 멀리하고 있다. 그래서일까 더는 악화하지 않는 상태다.

그런데 지난 초겨울쯤 저녁에 취침하려고 잠자리에 들면 몸이 가려운 증세가 나타나 피부과엘 갔더니 '건선(乾癬)'이란 질환이란다. 이 역시 보습제를 바른다거나 약물복용을 하며 건조한 거주환경 개선을 한다 해도 식생활 습관에 신경을 써야 한단다.

평소 흡연은 안 하지만 즐기던 술까지 절주(節酒) 했다. 기호식품 중의 하나인 커피까지 삼가라는 식품이기에 멀리하려니 먹는 즐거움을 박탈당한 기분이 들어 무척 괴롭다. 인간은 본래 좋아하는 것을 쉽게 그만두지 못하는 속성을 지니고 있다 한다. 즉 건강을 위해 플러스가 되는 식품을 섭취하기는 쉬워도 마이너스가 되는 식품을 절제하기란 그리 쉽지 않다는 점이 이를 반증한다.

그러던 중 요즘 또 하나의 질환이 추가되었다. 세월이 흐르면 나이를 더하는 것이야 어쩔 수 없다지만, 무슨 질환 숫자까지 늘어간다. 다름 아닌 손가락 관절에 통증이 오는 것이 아닌가. 신경외과엘 가서 검사를 받아보니 '류머티스성' 질환이란다. 의사 처방에 따라 약물복용과 물리치료(뜨거운 촛농에 손을 담그는 방법)를 병행하고 있다.

질환 개선을 위한 식이요법에는 삼가라는 식품이 있는가 하면 좋다는 자연식품이 있게 마련이다. 그중 안질환에는 감잎차가 좋다 했다. 하지만 과유불급이라 했던가. 좋다 하여 수시로 감잎차를 많이 마셨더니 변비증세가 발생하여 고생하기도 했다. 뒤로 알고 보았더니 감잎차에는 '타닌'이란 성분이 있어 과하면 빈혈을 일으키거나 변비가 심해질 수 있다는 점을 미처 깨닫지 못한 결과였다.

　인생의 삶이란 건강을 위해 노력해도 어느 순간 자신도 몰래 스며드는 질환이야 어쩔 수 없다. 나도 건강을 위해 나름대로 운동도 열심히 하는 편에 속한다. 그런데 하나도 아닌 세 가지 질환을 본의 아니게 껴안고 있지 아니한가. 글쓰기와 사진을 가까이하고 있는 사람이 시력과 손가락에 이상증세가 온다면 마치 손발이 묶인 꼴이다. 의사가 권유하길 컴퓨터를 너무 오랜 시간 가까이하지 말고 손가락도 혹사하지 말라 했다.

　결국, 나는 절망하지 않고 스스로 해법을 내렸다. 나름대로 의사 처방에 따른 약물복용과 식생활개선을 하면서 불청객인 질환과 원치 않은 동고동락을 할 수밖에 없다. 하지만, 식생활개선을 위해 삼가라는 식품만 맹종할 수는 없다. 그러다 영양 불균형으로 말미암아 건강 지키려다 되레 건강을 해치는 우를 범할지도 모를 일이다. 어린이 놀이터에서 시소를 타던 어린아이가 갑자기 균형을 잃어 엉덩방아 찧은 것을 보았다. 그렇듯 질환 개선방법으로도 어느 한쪽에만 치우치지 않는 균형유지가 나에게는 최선의 해답이 아닐까 한다.

(2013. 2)

지못미

　며칠 전 가족이 병원에 입원해 있는 관계로 문병을 다녀왔다. 갈 때는 대중교통을 이용하고 돌아올 때는 도보로 왔다. 이 시간대가 어둠이 약간 밀려오는 초저녁이다. 시내 상가 주변이라 사위(四圍)가 상대방을 서로 충분히 알아볼 수 있을 정도였다. 닭갈비식당이 즐비하게 늘어선 지역의 모퉁이 길을 지날 무렵이다. 이 부근 업소에서 방금 나온 듯한 사람들과 행인들이 뒤엉켜 오가고 있었다. 이 중 60대 정도로 보이는 두 여인이 서로 얘기를 나누며 앞에서 걸어오다 옆을 지나치는 순간이다. 그때 갑자기 내 앞의 신체에 은밀하고 소중한 거시기 부분을 손으로 탁 치듯 접촉하고 지나치는 것이 아닌가. 무의식중 순식간에 발생한 일이라 깜짝 놀라 "뭐야!" 하며 뒤돌아보았다. 동시에 방금 옆을 지나간 두 여인 중 한 여인도 "아이고머니나"라며 순간 돌아보더니 얼굴을 홱 돌리고 후다닥 발걸음을 재촉한다. 일단 지인은 아니었다.

졸지에 당한 일이라 수습이나 대처할 겨를도 없다. 나는 이 순간 저 여인을 성추행범으로 신고해야 하나 말아야 하나 망설였다. 우선 신고를 하게 되면 일단 용의자를 잡든가. 도주하기 전 인상착의가 선명하게 나오도록 휴대전화로라도 사진을 찍어두는 게 필요할 것이란 생각이다. 그뿐만이 아니다. 경찰관에게 구체적으로 성추행범임을 입증할 근거를 제시해야 할 것 같다. 또한, 그 여인이 단순히 팔을 휘젓고 가는 상황에서 실수로 거시기 부분을 슬쩍 스친 것인지 아니면 고의적 접촉인지도 판별해야 하지 않을까라는 생각이 머리를 스친다.

그런데 너무나 짧은 순간에 그것도 70여 평생 처음 당해본 사건이라 상황판단이 잘 안 된다. 다만 그 여인의 손이 내 거시기 부분에 확실한 접촉이 있었던 것만은 분명하다. 왜냐하면, 눈도 귀도 손도 발도 없는 무저항 무방비상태의 거시기가 자신의 의사와는 관계없이 주인만 믿고 거꾸로 매달려 덜렁덜렁 따라갔다. 그 상황에서 불시에 당한 습격이었기에 얼마나 놀랐겠으며 형용할 수 없는 순간 통증까지 느꼈기 때문이다. 죄 없는 거시기는 영문도 모른 채 아무런 이유도 없이 무의식중 졸지에 따귀를 한 대 맞은 꼴이 되었으니 억울할 것이다. 하지만 이를 입증하려고 보니 무척 난감하다. 거시기가 어쩌고저쩌고 표현하기도 민망하고 이를 드러내놓고 상태를 요리조리 설명할 수도 없는 부분이지 아니한가.

이 상황을 대변할 근거 자료의 영상이나 사진이 있는 것도 아니다. 살펴보지는 않았지만, 설령 이 주변에 CCTV가 있다손 치더라도 많은 인파 속에 그 여인의 행동이 도장 찍은 자국처럼 선명하게 나와 있을지도 의문이다. 이걸 어쩌지 하고 당황해하는 사이 문제의 그 여인은 이미 "아이고머니나."란 외마디 소리만 남기고 흔적도 없이 골목길로 사라지고 말았다.

　상황은 일방적으로 용의자가 도주한 상태가 되었으니 허무하게도 종료가 된 꼴이 되었다. 하지만 의문점의 꼬리는 살아있다. 혹시 동성끼리 절친한 관계의 행동이었다면 장난으로 웃어넘길 수도 있다. 하지만 전혀 초면의 여인이 감히 낯모르는 남자의 거시기 부분에 왜 손을 댔느냐 하는 점이다. 그리고 당시 나는 작은 가방을 메고 길 건너 있는 인공폭포 쪽에 잠시 한눈팔며 걸어가고 있었다. 이런 상황에서 당한 일이긴 하나 가방도 주머니 속 지갑도 멀쩡했다. 그러니 일단 소매치기는 아닌 것으로 추정된다.

　그러나 어깨도 안 부딪친 상태에서 순간적으로 한 치의 오차도 없이 그것도 단 한 번에 정확하게 손이 거길 슬쩍 건드리고 갔다. 이런 점을 미루어 볼 때 그의 전력을 의심하지 않을 수 없다. 정말 치고 빠지는 손동작 기술이 신기에 가까울 정도라고나 할까.

　이도 저도 아니라면 이 여인이 평소 어둠을 틈타 거리를 활보하면서 저지른 고도의 지능적이며 상습적인 성추행범은 아닐까? 그렇다면 재발 방지 차원에서 신고했어야 마땅했다. 또한, 그녀가 현장에서 뒤돌아볼 당시 표정이 웃었다면 실수를 핑계로 지능적인 고의성을 의심해 볼 만하다. 그리고 당황한 기색이 역력했다면 정말 실수를 인정한 것이 아닐까 한다. 그러나 너무 짧은 순간이었기에 그녀의 인상이나 표정도 잘 기억나질 않으니 답답하다. 지금 생각하면 신고를 하든 안 하든 일단 불러 세워놓고 보았어야 했는데 당황하여 어물어물하는 사이 그녀를 미꾸라지 빠지듯 놓치고 만 것이다.

하지만 어찌 되었든 간에 나는 누구인지 모를 그가 단순 실수였기를 믿고 싶다. 그러하기에 마음속 그녀의 행동을 관용하기로 했다. 그러면서도 그 지역을 벗어나 뚜벅뚜벅 도보 귀갓길에 비실비실 쓴웃음이 자꾸 터지고 있음은 왠지 모를 일이다. 아마도 성추행이란 여성만이 당하는 것이 아닌 남성도 여성에게 이렇게 당할 수도 있구나라는 생각 때문이 아니었을까 한다.

집 앞에 다다르고서야 졸지에 봉변당한 거시기를 물끄러미 내려다보며 작은 목소리로 이렇게밖에 할 말이 없었다. "지못미"라고.

(2015. 8)

*거시기: 이름이 바로 생각나지 않거나 직접 말하기 곤란한 사물을 대신하여 가리키는 말.
*지못미: 지켜주질 못해 미안하다는 줄임말.

반 잔의 찻잔

　섣달이 되면 한 해가 어찌도 그리 빨리 지나가는지 새삼 세월의 빠름을 실감한다. 싸목싸목 간다 한들 누가 뭐라 할까만 고지식한 세월이란 놈은 한 치의 오차도 없다. 그런 그가 올해도 속절없이 떠나는 별리의 임처럼 저만치 뒤도 안 돌아보고 가버린다. 이런 세월을 나는 과연 올 한 해 헛되게 보내지 않았는지 뒤돌아본다.
　올 연초에 나름대로 계획을 깃발 꽂듯 당차게 세웠다. 크게 네 가지로 대별하여 목표를 정했다. 양서 백 권 읽기와 이십 편 이상 글쓰기, 여행하기 그리고 보람 있는 일 실천 등이 그것이다.
　독서는 글이란 낱알을 수확하는 농심의 텃밭이나 다름없다. 농부는 그의 텃밭에 평소 얼마나 충실하게 땅심 돋우기를 했느냐에 따라 수확의 결과에서 나타난다. 그런 줄 알면서도 평소 생활이 바쁘다는 핑계 같지 않은 핑계로 책 읽기를 소홀히 했다. 이 때문에 올해는 다부진 마음의 칼날을 세운 것이다. 그럼 어떤 책을 읽을 것인가? 그에 대한 메아리는 마구잡이식으로 읽자는 것이 아닌 나름대로 범위를 설정했다. 어느 한 장르에 구애됨이 없이 명작 읽기와 과학 환경 그리고 종교문화 분야 등을 두루 엿보자는 것이다.

  1월부터 곧바로 실행에 들어갔다. 첫 번째로 펼쳐 든 책은 20여 년 전에 한 번 보았던 「삼국지」였다. 보름 만에 열 권을 읽은 후 이어서 박경리의 「토지」를 접했다. 이 작품은 평소 읽고는 싶었으나 워낙 방대한 작품이기에 번번이 한두 권에서 모래 위에 물 쏟듯 슬며시 잦아버린 경험이 있었다. 이번만은 꼭 독파하리라 결심했다. 그러려면 서점에서 이 책을 구매하기보다 도서관대출을 했다. 일단 책의 주인이 돼버리면 안일한 마음이 싹트기 쉽다. 뒤로 미루기를 하다 결국은 책 표지 위를 뽀얀 먼지로 포장하기 일쑤였기 때문이다. 대출도서는 짧은 반납기한이 정해져 있기에 독서부담을 겨냥 한 일종의 채찍이었다. 이 생각은 주효했다. 전 스물한 권의 책을 두 달에 걸쳐 완독했다. 뒤를 이어 문화재와 관련한 서적과 불교사찰 문화와 한국사 그리고 현대 소설과 고전 현대 명수필 등을 두루 읽었다. 요즘 읽는 책으로는 미국 출신 천체물리학박사 '칼 세이건'이 대우주의 신비를 펼쳐 보인 「코스모스」다. 이 책은 1980년에 저술되어 전 세계 600만 독자를 사로잡은 과학책이다. 이렇게 평소 읽고 싶었던 책들을 접하였다. 이 때문에 새로운 지식의 습득과 발상 전환으로 사고의 틀이 시나브로 변했으면 좋겠다. 이렇듯 올 한 해 읽은 책의 목록을 살펴보니 애초 설정 목표의 선은 이미 넘어섰음에 자못 흐뭇하다.

다음으론 글쓰기다. 지난해 11월에 첫 수필집으로 『호수 위에 섬 하나』를 출간한 바 있다. 이때 다짐하기를 특별한 사정이 없으면 앞으로 5년을 주기로 작품집을 발간하자는 것이었다. 그 계획이 짜장 순조롭게 이행될지는 모르겠지만 기본 뜻의 기둥은 세운 것이다. 이와 관련하여 그 첫 단계인 올해에는 월평균 두 편 정도 스무 편 정도는 써야겠다는 밑그림을 그렸다. 이 글을 쓰기 전에 이미 써놓은 글 목록을 살펴보았다. 그간 스물다섯 편을 썼다. 그중 십여 편은 원고청탁과 기고 형식으로 문예지나 신문 그리고 사보 등에 발표되었고 나머지는 갈무리해두었다. 세 번째, 여행하기다. 올해는 제주도만큼이나 가깝지만 못가 본 일본을 다녀올 생각이었다. 하지만, 아내가 세 살배기 첫 손녀를 돌봐주고 있었다. 올해 둘째로 손자가 탄생했다. 결국, 아내가 손주 둘을 돌봐주게 되었다. 이 상황에 나 몰라라 여행을 떠난다는 것이 면이 안 선다. 여행계획은 자연히 소멸하고 말았다.

끝으로 보람 있는 일이란 어떤 일이 있을까. 평소 생각을 많이 했다. 지역 문화유적지나 관광지에서 봉사활동 성격인 문화관광해설사로의 활동이 그것이다. 이 분야 활동을 대비한 사전준비를 하였다. 문화학교 문화재해설사 반에 등록하여 열심히 이 분야의 기초지식 습득을 했다. 그 때문인지 다행스럽게 올해 거주지 지방자치단체로부터 문화관광해설사로 발탁되었다. 어느 지역에 배치까지는 되었는데 막상 활동하려고 보니 예기치 못한 곤란한 문제가 생겼다. 상대성이 있는 문제로 어느 한 특정인에게 불이익을 주게 되었다. 그 때문에 여건이 성숙할 때까지 내 뜻을 일단 접기로 한 것이다.

이렇듯 나름대로 한 해를 결산해 보니 크게 두 가지 계획은 뜻을 이루었으나 상대적으로 두 가지는 못 이루었으니 결국, 채워지지 않은 '반 잔의 찻잔'이 되었다. 하지만, 결코 후회 없는 한 해였다. 비록 연초에 세운 계획은 50대 50으로 반쪽 수확을 하였으나 못 이룬 것 또한 그 이면을 들여다보면 결국은 내 삶을 살찌우는 요인으로 연결되었기 때문이다.

이제 한 달 있으면 새로운 해가 다가온다. 나에게는 뜻 깊은 해다. 바로 60년 만에 돌아오는 갑년을 맞게 되기 때문이다. 새해에는 더욱 알찬 청사진을 그려보리라. 이 청사진을 기초로 내 삶의 내면 가득 보람과 행복으로 채워야겠다는 실팍한 꿈을 꾸어 본다.

(2007. 12)

*실팍하다: 보기에 옹골차고 다부지다
*싸목싸목: 조금씩 천천히 나가는 모양
*짜장: 틀림없이 정말로
*속절없다: 단념할 수밖에 딴 도리가 없다.
*별리: 사귐이나 맺은 관계를 끊고 따로 갈라섬.
*시나브로: 모르는 사이에 조금씩 조금씩.

3.
마음 다스리기

화 석

　지난여름 경북 영덕에 있는 경보 화석박물관을 들르게 되었다. 이곳은 한 개인이 30여 년간에 걸친 불꽃같은 집념이 결실을 보아 개관한 사립박물관으로 1996년 6월에 문을 열었다. 박물관의 역사는 이제 고작 10여 년밖에 되지 않았으나 자료만큼은 적지 않은 화석이 전시되고 있음에 놀라움을 감추지 못했다. 우리나라에서는 최초의 화석박물관이라는 점과 국내를 포함한 전 세계 30여 개국으로부터 그것도 개인이 수집한 약 2,500여 점에 달하는 화석들이 시대별 지역별 분류별 특징에 따라 전시되고 있었기 때문이다.

　우리가 사는 지구의 역사를 통상 46억 년이라고 말한다. 이는 지질학자들이 운석과 달 암석의 표본에서 추출한 방사성 동위 원소에 의한 연령 측정방법으로 확정한 지구의 나이라고 한다. 이 어마어마하고 유장한 지구의 역사가 작은 화석이라는 돌덩이에 보석처럼 박혀 있다. 여기에는 온 지구 위 곳곳에서 수집된 귀중한 화석들이 그 형태도 선명하게 나름대로 그 시대의 역사를 말없이 대변해 주고 있다. 특히 외국에서 수집한 것보다는 가까운 우리나라에서 수집된 화석의 자료들을 대하니 더욱 실감이 나고 몇 억 년 전의 시대를 거슬러 올라 내가 서 있다는 착각을 할 정도였다.

생명과 하나 된 돌에는 무수한 생명체가 정지된 채 고스란히 저마다 자신의 존재를 알리고 있다. 그중 제일 먼저 눈을 마주치게 된 것이 경북 포항에서 발견되었다는 신생대 제3기의 단풍잎이다. 아기 손바닥처럼 펼친 단풍잎 화석이 색깔과 모양도 선명하다. 어찌 그 오랜 세월을 저리도 깨끗하게 돌 속에 다소곳이 자신의 모습을 간직하고 있을까. 앙증스럽기까지 하다. 옆에는 역시 같은 지역과 시대 그것으로 메타세쿼이아 잎 화석이 진열되어있다. 바늘 같은 잎의 순이 흐트러짐 없이 박혀있다. 이 잎을 보니 남이섬의 울창한 메타세쿼이아 숲이 연상된다. 나는 이 나무를 몇 년 전 남이섬에서 처음 보았다. 그때 이 나무가 외국에서 수입된 외래종인 줄만 알았는데 신생대 시대에도 경북 포항지역에 서식하던 나무였다 하니 새삼 놀랍고 내 무지가 부끄럽기까지 하다. 그 곁을 지나니 미국 와이오밍에서 발견된 신생대 제3기의 '시다'라는 소나뭇과에 규화목이 있다. 나이테도 선명한 통나무 자른 단면이 나 좀 봐달라는 듯이 드러누워 있었다.

수많은 화석을 눈으로 어루만지며 지나쳤다. 그러다 나는 예쁜 물고기들이 유영하다 정지된 모습의 화석에 눈길이 멎었다. '나이티야'라는 어종으로 오늘날의 청어에 가까운데 미국 와이오밍의 그린

화석 · — 121

리버 층에서 발견된 것이라 한다. 물결 따라 움직이던 한 30여 마리나 되는 물고기 떼가 무리를 지어 노닐다 그대로 멈춘 모습이다. 한 폭의 그림 같아 보인다. 또한, 조개를 닮은 완족동물 화석이 있었는데, 이는 강원도 태백 직운산층에서 발견되었다 하여 특별한 관심을 두고 보았다. 그 외에도 밤하늘에 박혀있는 별처럼 헤아릴 수 없을 정도로 많은 화석이 저마다 사연과 역사를 간직한 채 방문객의 눈길을 사로잡았으나 이 중에서 특히 지금은 실물로 볼 수 없는 '공룡' 화석 앞에 발길이 우뚝 멈추어 섰다.

공룡은 중생대에 살았던 파충류 중 피부는 비늘로 덮여 있고 알을 낳으며 육상에 살았다. 이들은 약 1억 6천만 년 동안 지구를 지배했다는 사실을 아스라이 역사로만 남긴 채 우리 지구 위에서 6천 5백만 전에 사라지고만 동물 중의 하나다. 중생대 한반도는 공룡의 천국이었다 한다. 이 시대가 공룡에게는 최적의 환경이 조성되었나 싶다. 세계적으로 공룡 뼈 화석은 최초로 1676년 영국에서 발견되었다. 우리나라에서는 1973년 경북 의성에서 공룡 뼈 화석이 그 후 전남 보성에서는 공룡 알 둥지와 완벽한 형태의 공룡 뼈 화석이 발견되었다. 그뿐만 아니라 경남 고성, 남해, 사천, 통영, 전남 해남, 보성, 여수 일대는 수많은 공룡 발자국 화석과 알 화석 등이 발견되어 한반도가 공룡의 천국이었음을 뒷받침하고 있다.

공룡 알 화석은 전남 보성과 경기 화성, 중국 등 여러 곳에서 발견된 것이 전시되었다. 생김새가 마치 가마솥에 있는 찐빵을 보는 듯했다. 화석 한 점에 20여 개가 동글동글 박혀있다. 우리가 이래 보여도 몸길이가 40여 미터에 4층 건물 높이와 비슷한 12미터의 키로 70여 톤의 체중이나 되는 거구의 공룡 알이라며 깔보지 말라는 듯 무언의 암시를 하는 듯했다.

화석은 단순한 돌덩이가 아니다. 우리 지구의 신비한 역사를 고스란히 간직한 보고이자 산 증인이나 다름없다. 그러하기에 이 화석을 대함은 수억 년의 시공을 뛰어넘어 먼 과거의 시간 속으로 잠입하여 그 시대와 역사를 되짚어 볼 수 있는 하나의 기점이 되기도 한다. 화석이 없었다면 과거 지구에서 사라진 동식물들을 짐작이나 했을까. 이 때문에 화석은 인류의 영원한 지구역사 스승이기도 하다.

오늘 서재에서 무심코 가족 앨범을 들추어보다가 20여 년 전 생존해 계실 때의 아버지 사진을 보았다. 지금의 내 모습처럼 흰 머리에 빙긋이 미소를 머금고 계신 당신을 사진으로 뵈니 감회가 새롭다.

화석이 지구의 산증인이라면 사진은 인간의 인위적인 이미지 화석이라고 할 수 있다. 귀중한 지구의 숨어있는 역사를 화석에서 보듯, 먼 훗날 우리 후손을 위해 가족사진을 잘 간직해야겠다.

(2007. 8)

사기 전화

자동차의 간단한 점검을 위해 동네 카센터에 갔을 때였다. 휴대 전화가 주인을 부른다. 그런데 발신번호를 얼핏 보니 158X-1111이었다. 개인 전화는 아닐 테고 쓸데없는 전화로 속단하고 망설이다 재차 발신음이 울리기에 혹시나 해서 받았다.

"안녕하세요? ○○은행카드사입니다. 고객님께 확인할 게 있어 전화했습니다."라고 했다. 그가 내게 최근에 신용카드를 발급받은 일이 있느냐고 묻는다. 이 은행은 거래한 적도 없고 신용카드 발급 사실도 없다. 하지만 그는 고객님의 이름으로 발급한 신용카드가 있는데, 요즘 금융사기 사건이 자주 발생하므로 혹시나 해서 확인했단다. 이런 예기치 않은 소식에 깜짝 놀라며 무슨 일이냐. 그 신용카드는 누가 개인정보를 도용해 발급받은 것 같으니 곧바로 발급 취소 해달라고 부탁했다. 덧붙여 알려줘서 고맙다는 인사도 잊지 않았다.

그는 이어서 그럼 "경찰관서에 신고해 드릴까요?" 한다. 당연히 그렇게 해달라고 했다. 그는 잠시 후 경찰관서에서 전화할 터이니 수사에 협조해 주라는 것이다. 당연히 그러겠노라 했다. 3분여 정도의 시간이 흘렀을까. 다시 휴대전화 발신음이 울린다. 발신번호를 확인해 보니 02-156X-0112였다. 끝 번호만 보고 범죄신고 112의 경찰관서인 줄로 짐작했다.

"○○경찰서인데요. 금융사기 신고가 접수되어 확인할 게 있어 전화했습니다."라고 했다. 방금 받은 전화와 관련된 것이란 생각에 의심의 여지가 없다.

먼저 신분을 확인한다면서 주민등록번호 첫 여섯 자리 숫자를 대라는 것이다. 홈쇼핑에서나 인터넷상에서 흔히들 본인 여부 확인방법으로 주민등록 앞자리나 뒷자리 번호를 물어보던 선례가 있었던 터라 의심 없이 알려주었다. 더욱 경찰관이라기에 신뢰했기 때문이다. 그의 질문이 시작되었다. 어느 은행을 거래하느냐. 통장은 몇 개이며 잔액은 얼마나 있는가. 최근 통장에서 이유 없이 인출된 금액이 있는지 등을 묻는다. 지금은 외출 중이라서 통장확인이 안 된다고 했다. 그럼 용무 마치고 언제쯤 통장확인이 가능하냐기에 두 시간 후면 된다고 했다.

마음이 바쁘다. 하던 일을 재촉하여 마무리 짓고 급히 서둘러 귀가하여 통장을 들고 거래은행 두어 곳을 다니며 확인해 보았다. 다행히 이상 없어 안도의 숨을 쉬게 되었다. 그렇다고 통장에 거금이 예치된 것도 아니요. 기껏해야 신용카드 결제대금 정도만 들어 있는 잔액이 있었음인데도 괜히 불안했었다. 곧바로 휴대전화에 찍힌 번호로 이상 없음을 알려주려고 했더니 통화 할 수 없는 번호란다. 그때야 "아차! 이게 바로 사기 전화였구나."라는 생각에 정신이 번쩍 들었다.

신문이나 방송에서 보이스 피싱 피해 뉴스를 접할 때마다 "사람들이 어찌 저렇게 어수룩하게 당했을까?"라고 했던 나였다. 막상 내가 당해보니 까딱하다가는 자신도 모르는 사이 사기단 블랙홀로 빨려들 수 있다는 점이다.

당시 상황을 지내놓고 곰곰이 생각해 보니 수상한 점이 여러 부분에서 돌출되었는데도 이를 눈치를 채지 못한 채 그들의 술책에 3단계(은행사칭 사기 대상자 물색, 경찰사칭 관련 정보 수집, 사기 대상 통장 확인) 작전까지 끌려다닌 꼴이 되고 말았다.

우선 은행원이나 경찰관이라 속인 사람들의 말씨가 좀 이상했다. 약간 어눌한 말씨에 감성이 담겨 있지 않은 마치 녹음된 기계 음성 같았다. 또한, 은행에서 경찰관서에 신고해준다고 한 후 경찰관을 사칭해온 전화 시간이 불과 3분여의 간격이었다. '아무리 빨라도 이렇게 신속하게 처리될 수 있을까?'라는 점이다. 그리고 경찰관 사칭자가 신용카드 발급이 당신의 신분정보를 잘 아는 친척이나 가까운 사람일 수도 있다. 그러니 비밀을 유지하고 누구에도 절대 이 사실을 알리지 말라고 한 점이다. 그뿐만 아니라. 내가 통장 확인 후 신고할 테니 통화자의 소속과 신분, 연락처를 물었다. 그럴 필요 없다며 당황한 듯 다시 전화하겠다며 일방적으로 뚝 끊어버렸다.

마지막 단계에는 어떤 구실을 대고 수사상 확인에 필요하다며 잔액이 있는 통장 비밀번호를 알려고 시도했을 것이 분명하다. 최종단계인 낭떠러지기 직전에 가까스로 급브레이크를 밟고 더는 진행하지 않았으니 망정이지 속절없이 당하고 말았을 것 같다. 언제 어떻게 자신도 모르는 사이 전화 금융사기단에 당할 수 있다는 것이 요즘 현실이다. 그 수법 또한 날로 다양화되고 지능화되고 있어 이에 따른 피해사례가 잇따를까 걱정된다.

 서글프게도 우리는 사는 집 대문만 잠글 것이 아니라. 마음의 문에 빗장까지 걸어야 하는 야속한 세상에 살고 있다.

(2007. 3)

이화마을 굴다리

　서울 종로구에 있다는 이화마을을 찾아가기로 했다. 처음 만난 이화마을은 번화한 서울 도성 안에 자리하고 있지만, 여기가 서울인가 싶을 정도로 낙후된 마을이었다. 자동차 한 대 겨우 빠져나갈 수 있을 정도의 언덕길 소방도로변에는 좁은 인도 골목이 나뭇잎처럼 붙어있다. 지대가 비탈진 곳이라 축대를 쌓고 지은 오래된 낡은 건물들이 많다.
　마을에 들어서니 우선 눈에 띄는 것이 내가 찾고자 했던 굴다리였다. 언덕길에서 자동차가 직선 그대로 내려가면 위험할 수 있다. 이 때문에 속도를 줄여 안전을 도모하고자 길을 한 바퀴 정도 꺾어 급경사 부분에 교량을 놓았다. 그 교량을 통과하여 다시 그 밑으로 자동차가 통과하는 굴다리다. 이곳 야경을 다른 사람이 찍은 사진상으로 보니 무척 아름다웠는데 낮 풍경을 대하니 이렇게 평범할 줄이야. 마치 꾸밈없는 여인의 민낯을 보는 듯하다. 일단 굴다리가 내려다보이는 언덕길 위에서 사진 찍기 좋은 포인트를 설정해 놓고 풍경을 한 컷 찍어두었다. 야경촬영을 하기에는 아직 두어 시간의 여유가 있으므로 마을을 한 바퀴 돌아보기로 했다.

　벽화가 그려진 골목에는 젊은 연인들이 카메라로 열심히 추억을 담고 있었다. 그들 속에는 일본인 관광객 일행도 무언가 열심히 이야기를 나누며 살펴본다. 골목의 벽화는 마을 분위기를 한층 부드럽고 친근감 있게 방문객 곁으로 다가온다. 누구의 아이디어였는지 참으로 좋은 발상이다. 날씨는 더운데 등에는 10여kg이나 되는 카메라 장비를 짊어지고 계단 길을 오르려니 목도 마르고 힘겹다. 낙산공원 성곽 둘레길 입구 골목에 구멍가게 하나가 보인다. 노인 한 분이 물건을 팔고 있었다. 음료수 한 병을 사서 마시며 동네의 궁금한 점을 이것저것 물어보았다. 이 마을의 주택은 대부분이 50여 년 전 대한주택 영단(현 대한주택공사)에서 지은 것이란다. 그래도 옛날에 비하면 지금은 도시가스도 들어오고 많이 발전한 탓에 생활하는데 크게 불편하지는 않단다.

　어느덧 해가 서산 아래로 뒷걸음질 치며 얼굴을 감추려 하고 있다. 자리를 털고 목적지로 향한다. 굴다리가 보이는 언덕 위 도로 난간에 삼각대를 붙여 카메라를 설치하고 아래를 내려다보았다. 자동차 한 대가 굴다리 위에 자기 안방인 양 떡 버티고 앉아 있는 게 아닌가. 재활용재 포대를 잔뜩 적재한 화물차인데 굴다리를 통과하는 자동차 불빛 궤적을 담으려면 걸림돌이 될 수밖에 없다. 때마침 그 곁을 지나는 두 명의 아가씨가 보인다. 서 있는 채로 큰소리로 부탁을 했다. 화물차 앞 윈도에 혹시 전화번호 있으면 불러줄 수 있겠느냐고. 다행히 있다면서 알려준다. 그 번호로 정중하게 전화를 했다. "굴다리 야경사진을 찍으려고 멀리서 왔는데 주차한 자동차가 아무래도 사진촬영에 지장을 주니 이동을 해줄 수 없겠느냐고." 차 주인은 흔쾌히 직접 골목길에서 나와 옮겨 주었다. 그러나 잠시 후 또 승용차 한 대가 그 자리에 주차한다. 얼추 300여 미터는 됨직한 언덕길을 돌아 내려가려니 이미 카메라도 설치해 놓은 상태이고 하여 큰소리로 양해를 구했다. 그분 역시 자리를 옮겨주었는데 잠시 후 다른 화물차 한 대가 슬며시 다가와 주차하려고 한다. 또다시 부탁하니 군소리 없이 응해준다. 거절해도 어쩔 수 없는 일인데 쾌히 응해준 그들의 마음씨가 따뜻하게 내 가슴을 적셔준다.

드디어 8시경이 되니 사위가 어두워졌다. 이때부터가 내겐 바쁜 시간이다. 카메라 세팅을 시작한다. 화이트밸런스 색온도 값은 어떻게 지정할 것이며 조리개와 노출은 얼마를 주어야 할지. 구도는 원경을 잡을까. 근경으로 할까. 이것저것 머릿속이 복잡하고 손가락이 분주하다. 일단 생각대로 세팅하고 자동차가 통과할 순간만을 기다려 본다. 하지만 하늘이 파랗게 보이는 매직아워에 정작 와줘야 할 자동차가 안 보인다. 팥소 안 들어간 찐빵을 무슨 맛으로 먹으랴. 마음은 조급하고 답답하다. 주민에게 물어보았다. 평일에는 이 시간대에 자동차가 자주 다니는데 휴일 저녁에는 가끔 통과한단다. 출사 날을 잘못 잡은 것 같다. 야경 담기 좋은 시간대에 자동차궤적을 담기에는 아무래도 어렵지 싶다. 실망하고 있을 무렵 오토바이로 보이는 불빛이 보인다. 카메라 셔터를 눌렀다. 그러나 실패다. 굴다리를 지나는 오토바이를 보니 전조등은 정상인데 빨간빛이 나와야 할 후미등이 고장 난 모양이다. 두 번째로 기다리던 승용차로 보이는 자동차가 한 대가 시야에 들어온다. 노출 30초로 세팅해 놓은 카메라를 작동시켰다. 그런데 이 자동차는 택시로 하필 굴다리 위에서 정차한다. 이 주변에 사는 손님이 타고 온 모양이다. 정차하는 시간 때문에 30초가 후딱 지나가 버리니 궤적이 끊겨 실패하고 만다. 세 번째는 마을 위에서 내려가는 자동차와 올라오는 자동차가 동시에 가시권으로 들어온다. 나는 이 순간을 놓치지 않고 재빠르게 렌즈에 담았다. 이번에는 성공한 것 같다. 그러는 사이 매직아워는 지났지만, 몇 컷을 서둘러 찍고는 막차를 타고 귀가해야 할 시간을 참작하여 촬영 시작 30여 분 만에 철수해야 했다.

  집에 와 카메라 저장 파일을 열고 확인해 보니 참으로 이화마을 굴다리야경은 아름답다. 낮에 민낯으로 만난 여인을 밤에는 화사하고 예쁘게 성장을 한 모습으로 다시 보는 듯하다. 서울이라고 믿기 의심스러울 정도의 이화마을 이미지가 이 굴다리야경 하나로 내 기억 속에 아름답게 각인되는 순간이다.

(2012. 6)

마음 다스리기

　처남은 논농사와 과수농사를 함께한다. 아내는 몇 해 전부터 친정을 돕겠다고 나섰다. 겨울철이 되면 이웃과 친지들을 통해 배를 주문판매 한다. 순수하게 이윤 없이 중간 심부름만 하는 셈이다. 아내의 논리로는 '사 먹는 처지에서는 품질 좋은 과일을 시중보다 싼값에 사서 좋고, 생산자는 물건 팔아 좋으며, 자신은 친정 도와주는 일이니 이것이 일거에 삼득(一擧三得)'이란다. 올해에도 벌써 두 번째인가, 며칠 전 오빠에게 배 몇 상자 보내라는 전화를 옆에서 들었다.
　아침부터 아내가 돌봐주는 손녀가 몽니를 부린다. 눈치를 보니 아내는 손녀를 달랠 요량으로 외출을 서두르는 것 같다. 아무런 이야기도 없이 밖으로 나가기에 잠깐 나갔다 오겠거니 했다. 외출한 지 한 시간쯤 지났으려나. 아파트 주차장에서 자동차 경적이 울리기에 창문을 열고 내다보니 마침 처남이 배를 싣고 왔다는 신호였다. 곧바로 내려가서 30여 상자나 되는 배를 지하창고에 적재하는 하역작업을 마치고 보니 어느새 점심때가 되었다. 처남에게 집으로 들어가자 하니 동생이 외출한 모양인데 그냥 귀가하겠단다. 잠깐 기다리라 해놓고 아내가 갈만한 곳으로 짐작되는 이웃집 이곳저곳에 전화로 알아보아도 찾을 길이 없다. 결국 처남은 바쁘다면서 귀가를 해버리고 말았다.

나는 성격이 소심한 것인지 꼼꼼한 것인지는 몰라도 이것도 저것도 아닌 수돗물 맛같이 맹맹한 것을 싫어한다. 그야말로 딱 부러지듯 앞뒤가 명료한 것을 좋아하기 때문이다. 예를 들어 외출하면 목적지를 가족에게 알린다거나 휴대폰을 항시 소지하여 언제라도 연락이 닿을 수 있도록 한다. 이는 아마도 오랜 공직생활에서의 몸에 밴 비상연락 체계를 유지하고자 함일 것이다.

처남이 귀가한 지 30여 분의 시간이 흐른 뒤에서야 아내는 손녀와 함께 돌아왔다. 속으로 치미는 화를 짐짓 참지 못하고 폭발했다. "외출하면 휴대폰을 소지하든가 그렇지 않으면 어디를 간다고 왜 얘길 못하느냐."고 소릴 버럭 지르며 지청구를 했다. 하지만 아내는 "무슨 급한 일이 있었다고 그렇게 화를 내세요."라며 웃어넘기고 만다. 처남이 왔다 갔다니까. 그제야 "애고, 내 정신 좀 봐. 깜빡 잊고 있었네."라며 귀갓길에 있을 오빠에게 휴대폰으로 연락하는 등 법석을 떤다. 이런 아내가 나는 이해가 안 되었다. 건망증이 심한 것인지 무사태평한 것인지 쉽게 판단이 안 되었기 때문이다.

3년 전이었다. 직장에서 퇴직하고 아내와 함께 해외여행을 갈 기회가 있었다. 나는 며칠 전부터 여행준비로 이것저것을 챙기느라 정신없었다. 미리 준비할 사항을 사전에 메모하여 하나하나 점검까지 하면서 준비했는데 아내는 통 태평천하다. 아내는 막상 여행출발 당일 새벽에서야 부랴부랴 옷가지며 소지품을 챙기는 눈치였다. 결국 이 때문에 즐거워야할 여행이 새벽부터 승강이를 벌였다. 이 날뿐만이 아닌 평상시에도 준비성 없는 아내를 탓하곤 했다. 하지만 며칠 전부터 미리 준비했던 사람이나 새벽에 출발하면서 챙긴 사람이나 결과를 놓고 볼 때는 둘 다 불편 없이 여행은 잘 다녀왔다는 점이다.

오늘 일도 기실 따지고 보면 화낼 일이 아니었다. 아내를 찾느라 급한 마음에 이곳저곳 전화를 해대면서 수선 떨었다. 금방 나타나 주지 않는 아내에게 분노의 화살을 수탉 볏 세우듯 하고 있다가 끝내는 그 화산이 폭발하고 말았다. 그러나 이런 일들이 결국은 자신의 마음만 상한 꼴이 되고 말았다. 굳이 잘잘못을 따진다면야 어찌 아내 잘못이겠나. 오빠가 온다는 것을 잠시 잊었을 뿐, 그 사실을 알고서야 오빠를 피하지는 않았을 터이기 때문이다. 더욱이 몽니 부리는 손녀를 달랠 겸 시장을 다녀왔단다. 잠시나마 딸보였던 자신을 반성해 본다.

며칠 전 어느 도청 간부공무원이 도의회 의원에게 욕설이 섞인 문자메시지를 보낸 것이 화근이 되어 문책 인사를 당한 사실이 언론에 보도되었다. 평소 그 의원과 어떤 관계였으며 당일 무슨 사안이 있어서 격한 감정을 참지 못하고 그런 행동을 했는지는 잘 모르겠다. 다만, 경솔한 행동을 한 공무원만이 피해를 본 사건이다.『명심보감』「계성 편」에 보면 '인일시지분(忍一時之忿)이면 면백일지우(免百日之憂)'라 했다. 이는 곧 '한때 분함을 참으면 백날의 근심을 면한다.'라는 교훈일 것이다.

 격한 마음을 잠재우는 일. 평소에 품성이 그러했거늘 이를 하루아침에 바로잡는다는 것이 어디 식은 죽 먹듯 쉬운 일이랴. 하지만 이런 성격이 잘못되었음을 인정하고 바꾸어 보려고 노력할 때 이것은 개인의 발전이요. 깨우침으로 인한 인성 변화로 그 사람의 인품을 높여주는 하나의 계기가 되지 않을까 한다.

 이런 나도 예외가 아니다. 젊은 날에 어찌 그 불같이 급한 성품 때문에 한두 번 피해나 불이익을 당하지 않았으랴. "대패질하는 시간보다 대팻날을 가는 시간이 더 길어야 한다."라는 옛말이 생각난다. 조급한 성품에 무심코 내뱉는 말의 시간보다 사유(思惟)하는 '마음 다스리기' 시간이 길어야 하지 않을까 싶다.

(2006. 12)

*딸보: 속이 너그럽지 못한 사람.

약속 안 된 기다림

　시골 고향 친구가 오늘 초청을 했다. 자택에서 피로연을 한단다. 아들 결혼식을 내일 멀리 떨어진 대처에서 하기 때문이다. 새벽에 살짝 내린 눈발이 녹지 않은 상태에서 날씨마저 추우니 길이 미끄러울 건 뻔하다. 자동차를 집에 두고 마침 목적지가 같은 곳으로 가는 친구와 연락이 닿아 그의 자동차 옆자리에 동승했다. 남이 운전하는 자동차를 타니 시야가 넓게 보인다. 일 년이면 몇 번씩 오가던 길이다. 그런데 주변에 어느새 낯선 건물들이 오뚝 서 있다. 그런가 하면 도로변 추수한 논배미에는 알곡만을 빼앗긴 볏짚 단이 팔을 묶인 채 빈들을 지키며 공허하게 서 있다.

　새 식구를 들이는 친구에게 축하를 해주고 함께 간 친구와는 그곳에서 헤어졌다. 귀갓길에는 대중교통을 이용하고자 국도변 간이버스승강장으로 들어갔다. '개똥도 약에 쓰려면 안 보인다.'라고 했던가. 기다린 지 30여 분이 지났건만 내가 필요로 해서 기다리는 버스는 코빼기도 안 보인다. 나와 상관없는 승용차만 쌩쌩 바람을 가르며 옆을 지나칠 뿐이다.

　나는 평소 한겨울에 동내의를 잘 입지 않는다. 이순의 나이가 되어도 이 습관을 바꾸지 못했다. 추위 속에서 오랜 시간을 서성거리다 보니 두 다리가 서늘하다. 시간이 갈수록 찬바람이 바짓가랑이를 타고 솔솔 들어오기 때문이다. 벌써 기다린 지 한 시간이 가까워져 온다. 버스 간이승강장 벽에 누군가 걸어놓은 거울에 비친 자신을 슬쩍 보았다. 입술은 팥죽 떠먹은 모습이 되는가 싶더니 저절로 치아까지 딱딱 부딪치는 소리가 난다. 춥고 지루한 시간을 잊어보려 갖은 애를 써본다. 노래를 흥얼거려 보는가 하면 지나는 자동차 앞 번호판에 끝자리 숫자를 짝수 홀수로 헤아려 보았다. 그러다간 팔다리를 흔들어보는가 하면 몸을 이리저리 비틀어보기도 했다.

　고향마을을 관통하는 국도 44호선 고속화 도로가 십여 년에 걸친 대역사 끝에 드디어 며칠 후면 준공을 앞두고 있다. 미리 일부 구간을 제외하고 개통시킨 도로가 시원하다. 매끈하게도 곧게 펼쳐진 이 도로 위를 끊임없이 자동차가 질주한다. 마치 쫓고 쫓기는 장면을 연출이라도 하듯이.

　간이 버스승강장 앞을 지나가는 자동차에 시선을 떼지 못하고 있던 참이다. 이때 휘이익~ 지나치는 한 승용차의 운전자를 보니 안면이 있어 보인다. 언뜻 생각이 떠오른다. 직장 현역시절 같은 사무실에서 근무한 적이 있던 친구가 아닌가. 손을 번쩍 들어 보이며 소리를 질러보았다. 하지만 상대는 나를 발견 못 했는지 보고도 그냥 지나친 것인지 쌔 앵~ 소리만이 내 귓가를 맴돌다 이내 흔적 없이 사라져버리고 만다.

　이 순간 자신을 뒤돌아보았다. 강산이 여섯 번이나 변했을 세월을 살아왔음에도 내가 헛살았음이다. 오죽이나 인간관계가 원만치 못했으면 춥고 바람 부는 겨울날 간이승강장 앞에서 떨고 서 있는 사람을 어찌 못 본 체 지나칠 수 있단 말인가. 이런 내가 갑자기 초라해 보인다.

　다른 한편으로 생각해보니 이런 내 모습이 한심하기도 하다. 멀쩡한 자신의 승용차는 집에 놔두고 이 무슨 생고생이며 거년스런 꼴이냐며 자책을 한다. 기다리는 버스는 한 시간이 훌쩍 지났는데도 안 보인다. 이제는 도저히 더 기다릴 수 없는 꼭짓점에 다다른 것이다. 지나는 승용차에 체면 불고하고 합승을 구걸할 판이다. 멀리 보이던 자동차들이 가까이 다가오건만 이내 약이라도 올리려는 듯 꽁무니에선 매연만이 나를 향해 뿜어대며 지나쳐버린다.

　막상 손을 들고 지나는 승용차를 세워보려니 어쩐지 마음 내키지 않는다. 내가 자동차를 운행할 때도 그랬다. 어쩌다 낯모르는 사람이 길가에서 손을 번쩍 들라치면 곧바로 멈추어 서서 선뜻 합승하지 않았다는 게 솔직한 고백이다. 그것은 처음 보는 사람을 덥석 태우기란 마음이 쉽게 허락하지 않았을 것이다. 또 한편으로는 버스가 운행하는 국도에서 굳이 승용차를 세울 게 무엇이람. 상대 처지를 이해하려 들지 않았음도 한몫했을 것이다. 이런저런 심정이 교차하니 도저히 손을 들 수가 없어 지나는 자동차의 운전자 얼굴만을 더듬어 볼 뿐이다. 혹시 나를 알아보는 사람이 나타나 주기만을 갈망하는 마음에….

그러기를 한 시간 반이나 훌쩍 지나버린 무렵이다. 이제 더는 기다림을 꼬박이 하다간 동상이라도 당할 위기이지 싶다. 읍내에 있는 콜택시를 호출하려는 순간이었다. 이때 승용차 한 대가 옆을 지나다 갑자기 끼익~ 소릴 내면서 급정거를 한다. 힐끔 보니 운전자가 창문을 열면서 "○○님, 왜 여기 계세요?" 한다. 그는 바로 현역 시절 안면이 있던 직원이었다. 바로 이 순간이 내겐 행운이었다. 그래! 내가 인생을 헛되게 살지는 않았구나.

약속 안 된 기다림의 버스는 끝내 보이지 않았다. 하지만 내게 행운은 한순간 예고 없이 다가와 주었다. 이렇듯 인간의 삶이 운행 시간 모르는 버스의 기다림은 아닐는지?

(2006. 12)

*거년스럽다: 보기에 가난하고 궁상스러운 데가 있다.
*꼬박이: 어떠한 상태를 그대로 계속하는 모양.

감동가족

"가는 세월 멈추게 할 수는 없어도 담을 수는 있다."라고 한 어느 사진가의 말에 공감한다. 며칠 전, 읍내 어느 유치원의 '자신만만'이라는 프로그램으로 동화구연 및 동요 부르기 행사에 사진촬영 의뢰를 받고 무료봉사를 다녀왔다.

행사 사진은 여러 번 출사해 보았지만, 이번 유치원 행사 촬영에는 어려움이 많았다. 여느 가족행사에는 주인공이 단순하다. 하지만 유치원 발표회는 수십 명의 발표자가 모두 주인공이기 때문이다. 그뿐만 아니라 어린이들은 무대에서 발표하는 시간이 짧게는 몇십 초, 길어야 1~2분 정도였다. 이 짧은 시간 내에 서너 컷 정도 빨리 찍고 옆으로 양보해주어 원생 부모가 개별적으로 사진촬영을 할 수 있도록 배려해야 했다. 주최 측으로부터 촬영을 의뢰받은 메인 사진사라고 마냥 자신만이 좋은 위치를 선점하여 원생 부모의 촬영기회까지 뺏을 수는 없었다. 이런 상황에서 그 짧은 시간에 발표 어린이의 특징이나 기억에 남을만한 순간을 포착할 수 있는 여건이 안 되어 좋은 장면을 놓친 아쉬운 경우도 있었다.

이제 겨우 4~6세밖에 안 되는 어린아이들이지만 참 발표를 잘 했다. 대중 앞에 선다는 것은 성인도 쉽지 않은 일이다. 지난번 어느 텔레비전 예능프로그램에 출연한 연예인과 대학교수의 대담을 들은 적이 있다. 그들도 직업적으로 대중 앞에서 공연이나 강의를 하는 입장이지만 항상 긴장하기는 마찬가지라고 했다. 그런데도 집에서 한창 개구쟁이 짓이나 재롱부릴 어린아이들이건만 동화구연이나 노래하는 실력이 성인 못지않았다. 이런 모습들이 참으로 대견스럽고 예뻐 보였다. 아이들이 이렇게 무대에 오르기까지는 뒤에서 얼마나 지도교사들이 고생했을까 싶다.

이날 유치원 발표회에는 40여 명의 어린이가 발표했다. 그중 특별하게 감동을 준 두 가족이 내 가슴에 여운으로 남는다.

무대에 오른 한 어린아이가 동화구연발표 중간에 갑자기 대사를 잃어버려 울상이 됐다. 아이는 당황하여 아무런 미동도 하지 않는 배터리가 방전된 시곗바늘이 되고 말았다. 이를 앞에서 지켜본 당시 부모의 마음은 어떠했을까? 말은 안 해도 엄마의 속은 시커먼 숯덩이가 되었지 싶다. 이때 사회자의 도움으로 엄마는 무대 위로 달려나가 울먹이는 아들을 꼭 껴안아 주었는데 그의 눈에도 이슬이 보였다. 이 순간 아이는 엄마의 따뜻한 격려에 마음이 풀렸음인지 금세 표정이 밝아지자 엄마의 얼굴도 활짝 핀 해바라기가 되었다. 이렇게 무대 위에서 한순간 함께 울고 웃는 두 모자가 인상 깊었다.

또 한 아이는 앞서 아이와는 달리 처음부터 씩씩하고 또렷하게 동화구연을 이어갔다. 이 대견스럽고 자랑스러운 자식의 발표 모습을 열심히 콤팩트 디지털카메라에 담고 있는 한 엄마가 있었다. 요즘은 휴대폰이나 디지털카메라가 대중화되어 사진촬영은 누구나 쉽게 할 수 있다. 이 때문에 사진촬영은 특별한 기술도 아닌 생활 일부분이 된 지 오래다. 심지어는 "기어 다니는 어린애도 사진 찍을 줄 안다."라는 농담이 나올 정도니 말이다. 그뿐인가 지난번 텔레비전 해외토픽뉴스에 원숭이가 사람의 카메라를 뺏어 달아나 자신의 모습을 찍는 영상을 보았다. 인간이 아닌 짐승까지도 사진 찍을 줄 아는 세상이니 무슨 말이 더 필요하겠는가.

그러하기에 사진촬영 자체만으로는 카메라 기능이 있는 휴대폰이나 카메라만 있다면 그 누군들 못하랴. 그러나 이 아이의 엄마가 사진 찍기에는 남다른 부자유스런 여건이었다. 바로 등에 업힌 또 하나의 어린 자식이 달렸기 때문이다. 아마도 생각건대 가족 중에 딱히 돌봐줄 수 있는 이가 없어 어린 자식을 직접 등에 업고 발표 행사장엘 나왔으리라. 그는 이런데도 행사장 뒷줄에 앉았다가 어느 순간 자식이 무대에 오를 순서가 되자 벌떡 일어나 많은 인파를 헤치고 무대 맨 앞으로 성큼 나왔다. 좀 더 가까이 무대 앞에서 더욱 선명하게 자식의 예쁘고 멋진 순간을 영상에 담고자 함이었으리라. 그 장면을 목격한 순간 나는 가슴이 먹먹하였을 뿐만 아니라 진한 감동의 물결로 다가왔다. 엄마의 등 뒤 처네에 업힌 어린아이는 세 살 정도는 됨직했는데, 엄마의 급변한 행동에 눈이 휘둥그레지며

"엄마가 갑자기 왜 이리 야단법석이지."라고 했을지 모른다. 의아한 눈초리로 엄마와 주변 사람들을 번갈아 어리둥절 바라보는 그 아이의 표정이 이를 말해주었다.

그랬다. 여자는 약하지만, 엄마는 강했다. 자식을 위하는 길이라면 무슨 일인들 못 하랴. 이 감동 어린 두 가족 엄마의 뜨거운 모성애를 곁에서 목격한 내 가슴속에서는 갑자기 방망이질이라도 하듯 진동하는 그 무엇이 있었다. 바로, 내 어머니도 예전 저 정도였으리라는….

사진은 세월과 역사를 담는다. 나는 이번 유치원 행사에서 카메라 뷰파인더를 통해 두 가족의 추억과 감동까지 담았다. 찰나의 순간을 '감동가족'이란 이름으로.

(2011. 7)

*처네: 끈이 달린 작은 포대기

기다림

　내 컴퓨터를 켜면 제일 먼저 바탕화면에 사진 한 장이 뜬다. 이 사진은 동해안 고성의 공현진에서 며칠 전 찍은 것이다. 전경에는 마치 얼굴에 마맛자국 같은 발자국이 수도 없이 찍힌 모래사장이 길게 펼쳐져 있다. 중경은 갈매기 수백 마리가 일렬횡대로 나란히 앉아 있으며, 원경으로는 공현진 옵바위와 바다 수평선이 아스라이 보이는 작품이다.
　동해안은 일출명소가 많다. 그중에서도 내가 좋아하는 일출명소로는 삼척 원덕읍에 솔섬을 비롯하여 동해 추암 해변, 강릉 정동진, 양양 낙산사와 하조대, 남애 해변 그리고 고성 공현진 옵바위 등이다. 이곳에는 여러 번 다녀오긴 했으나 일출촬영은 같은 장소라 할지라도 갈 때마다 색다른 느낌을 준다. 이번에도 출사에 앞서 일주일 전부터 일기 예보와 해 뜨는 시각과 각도를 세밀히 검토하고 나름대로 만반의 준비를 하였다.

내 경험에 의하면 일출촬영은 성공률이 그리 높지 않다. 날씨가 맑아도 약간의 구름이 뜬다거나 짙은 해무가 끼는 날이면 허탕을 치기 십상이다. 그러나 사람의 욕심이 어디 그런가. 출발 전에는 나름대로 기대에 부풀게 마련이다. 언감생심 일출의 백미인 오메가를 꿈꾸어 보기도 한다.
　한국천문연구원에서 발표한 자료를 근거로 해 뜨는 예정시각 한 시간 전에 현장 도착을 했다. 6시가 조금 지나자 사위가 환해지며 어렴풋이 보이던 옵바위가 돋보기를 쓴 듯 선명하게 보이기 시작했다. 이때 일출 각도를 고려하여 카메라 장비를 설치 완료했다. 점차 바다 수평선 부분에 붉은 기운이 감돈다. 가슴이 두근거렸다. 제발 해를 보게 해 달라고 마음속으로 빌어 보았다. 그런데 어찌 된 일인지 시간이 지날수록 검은 구름 떼가 보이는 게 아닌가. 기상예보에는 분명히 동해안 지방이 맑음이었는데 불안했다. 일출예정 시각이 가까워지자 하늘 쪽에는 노을이 금빛으로 바다를 물들게 할 뿐 정작 해는 보이지 않았다. 해는 시골 처녀 수줍음 타듯 구름 속에 얼굴을 감추고 빠끔히 보이는가 싶더니 이내 숨어버리고 말았다.
　일출촬영을 위해 각처에서 온 여러 사진가도 실망하는 표정들이 역력했다. 이들 또한 7시가 조금 지나자 모두 철수해 버리고 말았다. 바닷가에는 결국, 나 혼자만 남게 되었다. 남들은 모두 자리를 떠났지만, 나는 생각이 달랐다. 첫째 목표인 일출촬영이 실패였다면 다른 소재를 찾아 작품을 만들어 보고 싶었다. 그러자면 방법은 기다릴 수밖에 없다. 기다림이란 목표가 예정되지 않은 무한의 시간이다.

　올해에는 기온 변화로 때 이른 겨울 추위가 일찍 찾아왔다. 대관령이 영하 6도로 이 시기에 예년보다 10도 이상 낮아 무척 춥겠다고 했다. 이렇듯 영하 날씨가 예견되었지만, 해변에서의 체감온도는 바닷바람으로 말미암아 더욱 몸을 움츠러들게 했다. 추위를 참고 견디기를 30여 분 지날 즈음이다. 젊은 연인 한 쌍이 자동차에서 내려 바닷가를 걷는다. 이 기회를 놓칠세라 가까이 다가가 부탁했다. 바다를 향해 다정한 포즈를 좀 취해달라고. 이들은 기꺼이 응해 주었다. 그러나 이것만으로는 일출에 비견될 만한 작품이 될 수는 없었다.

　더 좋은 장면이 나타나길 꿈꾸며 기다림은 계속되었다. 그러기를 20여 분쯤 지날 무렵이었다. 어디선가 갈매기 떼들이 포르르 날아왔다. 내 시선은 이들에게 집중되었다. 그들은 웬일인지 모래사장과 바닷물이 들어와 있는 지점을 경계로 수백 마리가 일렬횡대로 줄지어 200여 미터는 족히 될 지역을 나란히 앉는 게 아닌가. 이 장면은 마치 바다를 지키는 해병 용사들과 같았다. 갈매기 무리가 이들처럼 바다 경계근무를 서려는 듯 보였기 때문이다. 예상치 못한 놀라운 현상이 눈앞에 펼쳐지고 있었다. 마치 내가 이들과 대화가 되는 사이였다면 연출이라도 한 듯 보였을 것이다.

　이때 얼핏 머릿속으로 작품 구상이 떠올랐다. 그래 바로 "바다는 우리가 지킨다."라는 개념으로 초점을 맞추어 보자는 것이다. 즉시 망원렌즈를 광각렌즈로 재빠르게 교환하여 곧바로 촬영에 들어갔다. 혹시 그사이 훌쩍 날아가 버리는 것은 아닐까. 안절부절못하며 마음이 급하다. 우선 노출 브라케팅 설정으로 연속촬영을 했다. 하지만 정작 갈매기들은 누구에게 지시라도 받은 양 제자리를 그대로 지키고 있다. 이들은 마치 "천천히 다시 잘 찍으세요."라는 듯이 말이다. 그제야 마음의 여유가 생기자 구도와 노출을 다시 점검해 보고 차분하게 촬영을 마쳤다. 결과물이 궁금하여 현장에서 곧바로 카메라 모니터를 통해 확인해 보니 대만족이다. 이것이 바로 기다림의 보상이 아니고 무엇이겠는가.

우리의 삶에서 기다림은 이렇게 필요하며 중요하다는 것을 다시 한 번 깨닫게 되었다. 내게도 이번처럼 기다림이 없었다면 날씨만을 탓하며 달랑 금빛에 물든 옵바위 사진 한 장 담아오는 게 고작이었을 것이다.

요즘 내 일상에서 가장 많이 접하는 것이 컴퓨터다. 글을 쓰거나 사진 작업을 하는 데 없어서는 안 되기 때문이다. 하루에도 수없이 이를 켜고 끌 때면 보이는 것이 바탕화면 속에 '바다는 우리가 지킨다'라는 작품이다. 오늘도 기다림의 선물인 사진 속에 갈매기 무리가 나를 향해 미소 짓게 한다.

(2010. 11)

한 송이 꽃을 보기 위해

　오늘 아침 풍경촬영을 위해 길을 나섰다. 어느 꽃집 앞을 지날 때였다. 한 여학생이 장미꽃 한 송이를 들고 꽃집에서 나온다. 그는 꽃송이를 얼굴에 대고 향을 맡으며 꽃처럼 환한 표정으로 행복해하는 모습을 보았다. 그의 손에 들린 꽃송이의 용처는 궁금하지 않다. 다만, 한 송이의 꽃을 보며 기쁨과 행복감을 느끼는 그 학생의 표정에서 나 자신을 읽었기 때문이다.
　지난 2월 초순쯤, 홍천 남산 정상에 올라갔다. 읍내 전경을 카메라에 담고자 했는데 생각대로 잘 안 되어 철수하는 길이었다. 하산하다 이쯤에서 바라보는 풍경은 어떨까 싶어 들러본 곳이 있다. 그런데 집에 와 그곳에서 촬영한 결과물을 인화해보니 괜찮은 그림이 나왔다. 그날부터 이곳에 내 마음의 말뚝을 박고 사진촬영을 다닌 지가 오늘로써 열세 번째다.
　이곳에서 조망한 읍내풍경은 나라꽃이며 홍천의 군화이기도 한 활짝 핀 한 송이 무궁화를 연상케 한다. 우뚝우뚝 솟은 높은 아파트는 꽃의 암술과 수술이며 읍내 안쪽에 있는 주택은 내화 피요. 바깥쪽에 있는 주택은 외화 피다. 읍내를 둥글게 감싸듯 조성된 제방은 꽃 떡잎이고 이 곁을 껴안고 흐르는 화양강은 꽃받침이 된다. 그 중앙에 읍내를 바지랑대처럼 떠받치듯 연결된 남산교는 꽃자루로 보이니 이 어찌 한 송이 꽃이라 아니할 수 있겠는가.

나는 이곳에서 '무궁화 홍천'이란 콘셉트로 작품을 하고 싶었다. 한번 이곳을 가게 되면 적게는 50여 컷 많게는 100여 컷 정도를 찍게 된다. 그러니 지금까지 5개월여 동안 찍은 풍경 파일이 어림잡아 1천여 컷은 실히 됨직하다. 그렇다면 나는 왜 한 곳에서 그것도 같은 피사체 풍경촬영에만 집착하고 있는 것일까? 그 대답은 간단하다. 내가 콘셉트로 설정한 이미지가 아직 안 나오고 있기 때문이다. 이는 나의 내공 부족과 미천한 실력 탓이라고 본다. 그러하기에 갈 적마다 미흡했던 부분과 참고사항을 메모하는 등 나름대로 연구하며 예쁜 꽃을 피우기 위해 노력 중이다.

풍경은 인물사진과는 달리 연출이 거의 없다. 그러기에 자연 상태에서 내가 추구하고자 하는 콘셉트에 맞는 작품을 얻으려니 어려움이 뒤따른다. 도공은 도요에서 실패작이 나오면 가차 없이 그 자리에서 망치로 깨버린다고 한다. 사진도 마찬가지다. 하지만 나는 이 작품만큼은 예외로 하고 있다. 못생긴 놈, 잘 생긴 놈 구분 없이 원본 파일 그대로 백업해 둔다. 실패 없는 성공이 있을 수 없듯이 어떤 실패의 고리를 찾는데 참고자료로 활용하여 성공의 꽃을 피워보자는 심리에서다. 그렇다고 내 깜냥으로 읍내풍경 한 점에서 무슨 불후의 명작이나 불세출의 대작이 나올 수 있을까만, 내가 설정한 콘셉트에 맞는 나만의 색깔인 꽃 한 송이를 피우기 위한 의욕만큼은 확고부동하다.

 이 풍경을 찍기 위해 가는 날은 따로 지정하지 않는다. 처음에는 시간대의 변화를 실험해 보았다. 이른 새벽이거나 한낮에 또는 오후에, 그리고 해질 무렵이거나 해가 진 후 읍내의 가로등과 건물에 점등되는 야간에도 갔다. 그러다가 날씨의 변화를 좇아 찍어도 보았다. 흐린 날, 맑은 날, 비가 오는 날 등….

 그러다 집에 있을 때나 어디 외출을 하던 중이라도 하늘에 구름이 좋은 날이면 하던 일, 가던 길 돌아서 카메라 장비를 메고 현장으로 달려가곤 했다.

 집에서 촬영 현장까지는 도보로 40여 분 거리다. 이곳을 언제나 나는 걸어서 간다. 혹여 좋은 작품은 못 건지더라도 건강만큼은 챙겨보자는 속셈에서다. 오늘도 현장에 가서 네 시간여 촬영 작업을 하고 왔다. 갈 때마다 같은 곳에서 반복해 찍은 수많은 풍경 이미지가 있지만 단 한 컷도 똑같은 장면은 안 나온다. 어떨 때는 풍경 속에 자동차의 움직임을 잡고자 초당 1~5컷씩 연사로 찍어도 마찬가지 결과가 나온다. 그것은 단순하게 풍경을 외적으로 보면 정적인 듯 보일 수 있겠지만, 그 내면을 자세히 들여다보면 풍경 속에는 살아 움직이는 인간이 있고 달리는 자동차가 담겨있다. 때로는 예기치 않게 비상하는 조류도 프레임 안에 들어올 때도 있기 때문이다.

  나는 이 풍경을 아름다운 꽃송이 같은, 누가 보아도 감동과 풍부한 감성이 깃든 작품을 목표로 한다. 아마도 이런 작품은 내 평생을 두고 찍어도 안 나올 수도 있다. 하지만 오늘도 내가 추구하는 예쁜 꽃 한 송이를 보기 위한 사진 작업은 '진행형 모드'가 작동 중이다.

(2012. 6)

*깜냥: 어떤 일을 가늠해 보아 해낼 만한 능력.
*내공: 훈련과 경험을 통해 안으로 쌓인 실력과 그 기운.
*불세출: 좀처럼 세상에 나타나지 않는다는 뜻으로, 매우 뛰어난 사람이나 작품.

언어습관

 오늘 아침 텔레비전에서 어느 방송사의 생방송 프로그램을 보았다. 방송주제가 '내가 어떻게 키웠는데'였다. 즉 출가한 자식의 이야기를 부모 입장에서 토론형식으로 진행하는 것이다. 여기서 패널로 참석한 한 정신과 전문의가 1분여의 짧은 발언 시간 도중 '같아요'란 단어를 여섯 번이나 사용하므로 시청자의 한 사람으로서 눈살을 찌푸리게 했다.

 우리 인간이 사용하는 언어는 문자와는 달라서 한번 입 밖으로 나오면 수정이나 삭제가 없다. 이 때문에 말은 항상 조심해서 해야 한다. 하지만 인간인 이상 실수를 저지르게 마련이요. 반듯하게 올바른 언어만 사용하기란 직업적인 아나운서 이외에는 그리 쉽지 않을 것이다.
 우리 사회의 현대인들은 언어습관이 시대의 흐름과 유행에 무관하지 않다고 본다. 평소 텔레비전을 시청하다 보면 비단 앞서 아침 방송에서 본 어느 패널의 언어습관뿐만이 아닌 곳곳에서 그런 현상을 쉽게 접하게 된다. 뉴스 시간에 취재기자나 방송 리포터가 현장 사람들과의 인터뷰장면을 보노라면 특히 젊은 여성층에서 '좋은 것 같아요', '맛있는 것 같아요'라는 등 이 '같아요'란 단어를 자주 사용하는 것을 목격한다. 그럴 때마다 느끼는 것은 '왜 저렇게 자신 없는 발언을 할까?'라고 생각한 적이 한두 번이 아니었다. 자기가 보고 느낀 상황을 '좋으면 좋다. 싫으면 싫다.'라고 분명하게 말하면 오죽이나 좋을까. 물론 이 단어가 상황에 따라서는 적절하게 사용될 수도 있겠지만 마치 유행어라도 되는 양 너무 남발하니 안타깝다.

이 문제의 '같아요'라는 단어를 국어사전에서 찾아보았지만, 사전에도 없는 말이다. 다만 '같다'라는 단어는 '체언이나 의존 명사 '것'의 뒤에 쓰여, 추측이나 불확실한 단정을 나타내는 말, 어떤 대상을 나타내는 일부 명사나 불완전 어근 뒤에 붙어 '그 대상의 속성에 비할 만함'의 뜻을 더하여 형용사를 만드는 말'이라고 나와 있다.

결국 '같아요'란 이 말의 속내를 들여다보면 이도 저도 아닌 중간 입장에서 자기의 의사 표현에 자신 없다는 것이요. 더 나아가 자기 의사를 타인에게 직설적으로 표현하길 우회적으로 기피한 회피 형 언어나 다름없다.

부모의 행동과 습관은 곧 자식의 거울이라고 하지 않는가. 가정에서의 부모나 또래의 언어습관을 아이들은 마른 수건에 쏟아진 물을 흡수해 버리듯 빨대 현상으로 연결된다. 어디 그뿐인가. 반사적으로 잘못된 습관을 자신도 모르게 익혀 그게 올바른 언어인 줄 알고 사용하게 되는 것이 문제다. 그래서일까. 텔레비전에서 인터뷰 방송장면을 눈여겨보노라면 '같아요'란 말을 비단 젊은층 여성들만이 사용하는 게 아니고 어린이들도 주저 없이 쓰는 걸 자주 보게 된다. 말은 생각에서 나오듯이 생각은 행동으로 직결된다. 우유부단하고 자신 없는 발언이 결국 소신 없고 명쾌하게 맺고 끊지 못하는 책임회피 행동으로 발전할 수 있다는 것이다. 언어습관으로 말미암아 그 사람의 품격이 돋보일 수도 깎아내릴 수도 있다. 이 때문에 말은 중요한 것이다.

오늘 아침 텔레비전 방송을 청취하면서 나 자신도 반성과 다짐을 해 보았다. 시대 흐름에 편승하여 유행하는 언어나 남들이 즐겨 사용하는 언어라 해도 상황에 적절치 못한 언어는 사용 자제를 해야겠다. 특히 '같아요'가 아닌 '그렇다.' '아니다.'라는 소신과 신념이 뚜렷하고 자신만만한 언어를 사용하겠노라고.

(2013. 3)

숫자세기

 '달밤에 체조한다.'라고 하면 무언가 격에 맞지 않는 짓거리를 하고 있음을 비꼬는 말일 것이다. 요즘 내 꼴을 마침내 누가 보기라도 했다면 분명히 이 말을 들었지 싶다.

 지난해 아내가 갑자기 발병하여 힘겨운 한 해를 보냈다. 한 가정에 주부가 신병으로 제 역할을 못 하게 되니 모든 가정생활이 엉망이 되었다. 평소에는 주부 역할의 중요성을 인식하지 못하다가 막상 그 역할을 대신 떠맡아보니 그동안 곁에서 가사 일을 도와주지 못했던 점이 미안하였다. 또한, 주부의 역할에 대해 다시금 새롭게 인식하는 계기가 되기도 했다. 인간이 평소 산소의 고마움을 모르고 살고 있었듯이.
 아내가 두 해 가까이 이 병원 저 병원을 전전하며 치료받은 끝에 다행스럽게도 지금은 완쾌되어 한시름 놓았다. 그런데 아내의 병시중을 들던 내가 후유증으로 불면증이 생겼다. 아마도 환자의 불규칙한 수면 상태에 맞추어 간호하다 보니 나의 수면시간 또한 들쑥날쑥하였고 동시에 환자의 걱정을 지나치게 하면서 그만 수면 장애가 발생한 것이다.

늦은 밤, 잠자리에 누워 잠을 청해도 눈은 말똥말똥 잠을 못 이룬다. 어쩌다 잠이 들어도 금세 깨곤 한다. 한밤중에 잠에서 깨면 다시 잠을 자기 어려웠다. 이에 따라 수면 부족으로 입맛을 잃고 급격히 체중 감소현상이 발생하는 등 건강에 적신호가 왔다. 할 수 없이 나 또한 병원을 들락거리는 신세가 되었다. 나까지 이래서는 안 되겠다 싶어 병원에서 처방해준 약제를 6개월 만에 복용 중단하고 수면에 좋다는 자연 치유방법을 찾아 나름대로 노력하기를 결심했다.

어느 날 텔레비전에서 건강 관련 프로그램을 보게 되었다. 출연한 한의사가 목침을 활용한 목 경혈마사지 운동이 숙면에 도움 된다 했다. 그 한의사분이 주도한 숙면을 위한 프로젝트에 참여했던 분들 또한 월등한 효과를 보았다고 입을 모으고 있었다. 다음날 망설임 없이 편백 목침 하나를 사들였다. 목 경혈마사지 운동이란 목침을 베고 누워 뒷목 부분을 오른쪽 왼쪽으로 번갈아 움직여가며 마사지를 해 주는 방법이다. 그뿐만 아니라. 숙면에는 '장심강(掌心腔)호흡법'이 도움될 터이니 한번 해보라는 어느 의사분의 권고를 받고 이를 병행하기도 했다. 코로 숨을 들이쉬고 입으로 숨을 내쉬며 손바닥을 펴서 기(氣)를 받는 방법이다. 위 두 가지 운동을 열심히 실행하고 있다. 그런데 이런 일련의 운동방법이 한두 번 해서는 효과를 볼 수 없다. 꾸준히 노력해야 한다. 하지만, 운동 효과란 마치 콩나물시루에서 밤새 쑥 자라 올라온 콩나물처럼 눈으로 보이는 게 아니다. 그러니만치 자꾸 운동에 회의감을 느끼게 되며 게으름까지 피우기에 십상이다. 이 때문에 나름대로 이를 보완할 목적으로 묘안을 냈다. 바로 운동을 하면서 속으로 숫자를 세자는 것이다. 하나, 둘, 셋으로 시작하여 백까지, 다음은 다시 일, 이, 삼으로 백까지 센다. 이를 바꾸어 가면서 반복해 보았다. 그랬더니 운동 효과를 배가시킬 수 있었다. 이렇게 함으로써 운동 중 잡념을 없애며 집중하게 되었다. 부수적으로 목표 수치를 정하고 꾸준히 연속적으로 운동에 임할 수도 있었다. 이제는 한밤중 잠에서 깨면 침대에서 다시 잠을 청하느라 애쓰지 않는다. 슬며시 혼자 거실에 나가서 숫자를 세며 목 경혈마사지와 장심강 호흡 운동을 짧게는 30여 분 길게는 한두 시간 한다. 그러다 보면 피곤도 할 뿐만 아니라 어느 순간 나도 모르게 스르르 꿈나라로 진입할 수 있어 운동 효과를 톡톡히 보고 있는 셈이다.

  오늘도 나는 어두운 한밤중 거실에서 목침을 베고 이리 뒹굴 저리 뒹굴 하며 속으로 하나, 둘, 셋…. 그러다 일어나서 가부좌하고 숨을 들이쉬고 내쉬면서도 1, 2, 3 숫자를 센다.
  숫자를 새롭게 배우는 어린애도 아닌 머리 허연 중늙은이 하나 한밤중 불도 안 켠 어두운 거실에 드러누웠다 앉았다, 이 무슨 해

괴한 짓거리를 하는지 모르겠다. 한밤중 남의 거실을 불쑥 들여다볼 이는 없겠지만 나 혼자 생각해도 자신의 꼬락서니에 웃음이 절로 난다. 하지만 누가 뭐라 한들 어떠하랴. 건강을 위해서라면….

(2014. 5)

알쏭한 청첩장

 며칠 전 지인으로부터 우편물 한 통이 배달되었다. 조심스레 봉투를 개봉하여 내용을 읽어보니 청첩장이긴 하나 고개가 저절로 갸웃거려진다. 그도 그럴 것이 청첩장이라면 어떠한 일로 언제 어느 장소로 초대한다는 것을 알리는 것이 통례다. 하지만 얼핏 본 청첩장 내용에 이해가 안 가는 부분이 있었다.
 청첩장을 다시 펼쳐보니 거기에는 또박또박 이런 내용이 인쇄되어있었다.
 '소망이 축복 속에서 기쁨으로 이루어지는 날. 저희 두 사람이 하나가 될 뜻 깊은 날을 맞게 되었습니다. 소중하고 힘찬 내디딤이 될 수 있도록 꼭 오셔서 지켜봐 주시면 감사하겠습니다.'라는 문구와 그 아래에는 '어느 사람의 장남 누구와 아무개의 장녀 누구'라고.
 여기까지의 내용으로 보아서는 초청의 주원인이 무엇인지 뚜렷한 명토를 박지 않았으므로 쉽게 구분 안 된다. 다만 '두 사람이 하나가 되는 뜻깊은 날'이라고 했으니 지레짐작하건대 약혼이거나 결혼을 한다는 것으로 이해된다. 그렇다면 약혼식에 청첩장까지 발부하기란 그리 흔한 일이 아닐 터이니 결혼한다는 쪽으로 봐야겠다. 그렇다면 그 다음 이어지는 문장으로는 생략한 것인지 누락이 된 것인지는 모르겠으나 곧바로 이어서 '피로연 일시와 장소'가 기재되어 있는 게 아닌가. 요리조리 살펴보아도 무언가 허전한 느낌이 든다. 마치 틀니 빠진 노인의 입을 보듯 부실하기 그지없다. 청첩장이라면 반드시 있어야 할 내용 중의 한 문구가 보이지 않기 때문이다. 바로 이들이 결혼한다 치면 마땅히 '예식 일시와 장소'를 명시해야 할 것이다. 그러나 이 부문이 안 보인다. 다시 눈여겨보아도 참으로 별난 청첩장이다. 어떻게 이런 일이 있을 수 있을까? 마치 어느 텔레비전 방송의 '세상에 이런 일이'라는 프로그램을 보는 듯하다.

 이를 놓고 나름대로 몇 가지 추상해본다. 첫째로는 결혼식을 국내가 아닌 외국에서 치를 때 볼 수 있는 일이 아닐까 한다. 하객을 외국으로까지야 초대할 수는 없지 아니한가. 둘째, 단순한 청첩장의 흠이 아닐까. 혼주가 기재 실수한 청첩장 초안을 인쇄소에서 그냥 검토 없이 인쇄 작업을 했다거나 인쇄소의 실수를 혼주가 확인하지 않고 발송한 경우를 의심해보지 않을 수 없다. 그러나 이 또한 신빙성이 미약하다. 혼주나 인쇄소로서 이런 실수를 했다고는 보기 어렵기 때문이다. 끝으로 혼주가 사는 고장과 결혼식장이 너무 원거리라 하객이 참석하기 어려운 여건이라 결혼식 전 따로 날을 잡아 피로연만 준비한 것은 아닐까 한다. 이 부분이 가장 신빙

성 있어 보이긴 하다. 하지만 정답은 모르는 채 추측했을 뿐이다.

혼주는 과연 어떤 사유로 '이런 청첩장을 발행했을까?'라는 의문의 꼬리를 쉽게 내리기 어렵다. 정말 알쏭달쏭하다. 다만 아쉬움이 있다면 대외적으로 손님을 모시는 청첩장이니만치 상대방이 쉽게 알아보고 의아심이 유발되지 않도록 세심한 배려가 미흡했다는 점이다. 그러나 혹자는 이렇게 말할 수도 있을 것이다. "청첩장에 결혼날짜와 장소 찍어놔 봐야 당신 식장에 참석할 거요?"라고 묻는다면 솔직히 나도 할 말이 없다. 하긴 친인척 아닌 바에야 식장까지 들어가 앉아 있기란 그리 흔한 일은 아니다. 식장 입구에 마련한 접수대에 축의금 봉투 내밀고 식권 한 장 받아 식사한 끼 때우고 나오는 게 고작이다. 그러니 굳이 결혼식 장소를 알아 무엇 하겠는가.

이것인지 저것인지 딱 부러지게 분간하기 어려운 것을 두고 '알쏭'하다는 표현을 쓴다. 결국, 알쏭한 이 한 장의 청첩장 속에 숨은 진실은 끝내 수수께끼로 남겨 둘 수밖에.

(2007. 12)

마음을 열어놓고 사는 집

오늘 낮, 같은 아파트 옆 라인에 사는 경찰관인 '이 경사'댁에 볼 일이 있어 갔다. 현관 앞에서 초인종을 누르려고 보니 문이 활짝 열려 있다. 누군가 먼저 방문한 손님이 문을 안 닫고 들어갔나 싶어 그냥 현관 안으로 발을 들여놓으며 "계십니까?" 주인을 찾았다. 그러나 대답이 없다. 방안에서 혹시 찾는 소리를 듣지 못하나 해서 거듭 주인을 불러보았지만 조용하기만 하다. 잠깐 문을 열어놓은 채 앞집에라도 간 것이 아닐까 해서 마주한 앞집을 보았다. 어쩐 일인지 이 댁 또한 어서 오라는 듯이 현관문이 활짝 열려 있는 게 아닌가.

우리가 주거생활을 하는 데 있어 어느 집에나 대문이란 게 있다. 이 대문은 건축물의 안팎을 연결하게 해주는 통로이자 수문장의 역할을 도맡아 한다. 단독주택에서야 대문이 독립된 별도의 시설물에 속하겠지만, 공동주택에서야 현관문은 곧 정문이요 대문이다. 이

문을 열면 집안이 곧바로 환히 들여다보이는 창이요, 닫으면 철옹성 같은 단절의 벽이 되기도 한다.

활짝 열어 놓은 앞집에 얼굴을 빠끔히 들이밀고 주인을 찾았다. 이 집 역시 아무도 없다. 이상했다. '혹시나 대낮에 도둑이 들어 두 집을 몽땅 털어간 것은 아닐까?'라는 불길한 생각이 머리를 쳐든다. 곧바로 경찰관서에 신고할까 말까 망설였다. 그러나 자세히 알아보지도 않고 신고부터 한다는 것이 아무래도 경솔한 것 같았다. 더욱 한 집은 경찰관 가정이 아닌가. 아무리 도둑이라지만 겁도 없이 경찰관댁을 털었을까. 하지만 현관문 어디에도 경찰관댁이란 표식은 없으니 도둑이 어찌 알아보겠느냐는 생각에 이르자 의심의 꼬리를 자르지 못했다. 일단 용무를 못 본 채 씁쓸한 마음으로 집에 돌아와 아내에게 이 댁 사정 얘기를 했더니 뜻밖에 이야기를 들려준다.

그 두 집은 평소에 현관문을 잠그지 않고 사는 집이라 했다. 항상 문을 열어놓은 채 서로 내 집처럼 무상(無常)출입을 한다거나 외출할 때도 그 상태로 나간다 했다. 두 집중에 '이 경사'가 먼저 그 집으로 이사 온 지는 3년쯤 되었는데 이 댁에서 먼저 현관문을 열어놓고 사니 자연히 앞집 또한 그리되었단다. 앞집은 그동안 벌써 두 번이나 새 주인을 맞았지만 역시 새로 온 사람도 먼저 살다 간 사람처럼 따른단다. 그렇다고 해서 아직 어떠한 좀도둑 한번 들었다는 소문 없다 한다.

시골에서야 사립문을 열어놓고 사는 집들을 흔히 보아온 터이다.

하지만 공동주택에서 남을 의심하지 않고 마음을 활짝 열어 놓은 상태에서 산다는 것이 그 어디 쉬운 일일까 싶다.

　몇 해 전, 이 지역 지방자치단체를 비롯해 공공기관에서 담장 허물기 운동을 펼친 일이 있다. 높다란 벽돌 담장을 과감히 허물어 버리고 청사 정문까지 없애버렸다. 이는 경직된 공공기관의 이미지를 불식시켜버리고 청사 주변 시야를 넓혀 주변 환경을 탁 트인 공간으로 보여줌으로써 주민들에게 신뢰감을 심어주자는 뜻일 것이다. 그 운동에 적지 않은 공공기관이 동참하여 주민들로부터 호평을 받은 적이 있다. 그러나 공공기관의 특성 때문에 정문과 담장은 헐어버렸지만, 청사의 현관문은 일과 시간이 종료되고 직원들이 퇴근하게 되면 굳게 잠그고 이중 삼중 보안시스템을 운영하는 실정이다.

　공동 주택에서의 현관문은 곧 그 댁의 담장 역할까지 하는 것이 아닌가. 이 담장을 과감하게 헐어버린 '이 경사'와 앞집 주인의 깊은 안목과 넓은 마음에 고개가 절로 숙어진다.

　한 20여 년은 되었을까. 박봉의 직장생활에 소꿉놀이 같은 신혼생활을 시작했다. 사글셋방에서 전세방을 전전하다 마치 무당벌레 등짝만 한 내 집을 장만하였다. 읍내 변두리 골목에 있는 엉성하기론 까치집 같은 한옥이다. 아내는 집을 나설 때면 문이라고는 모조리 걸고 잠그고 대문까지 밖에서 꼭꼭 잠그고 다니는 성격이었다. 어느 날 아내가 모임이 있어 점심때 잠깐 다녀와 보니 방에는 폭탄 맞은 꼴이 되어 있었다. 도둑이 들어 옷가지며 장롱, 책장, 서랍 등을 모조리 들쑤셔 놓은 것이다. 물론 도난의 흔적이 역력했다.

그중에는 결혼 패물이며 내가 재산목록 1순위로 애지중지하던 카메라와 망원 렌즈 등 사진 장비 일체를 잃어버린 적이 있었다. 지금 와서 생각해보니 그 당시 우리도 '이 경사'네 집처럼 차라리 문이란 문은 모두 열어놓고 외출을 했더라면 어떠했을까? 라는 생각이 머리를 스친다.

우리도 '이 경사'댁처럼 현관문을 활짝 열어놓지 못하고 사는 건 집에 무슨 값나가는 재물이 있어 그런 것은 아니다. 평소 습관이다. 늘 그랬듯이 외출을 하려면 문을 잠가야 안심되고, 들어오면 안으로 문을 잠가야 마음편한 습관이 몸에 밴 탓이다. 예전에 도둑을 한번 맞고는 더욱 그랬다. 이런 오랜 습관이 어디 하루아침에 손바닥 뒤집듯 할 수 있으랴.

대문의 개방은 무엇을 뜻함일까? 이는 곧 이웃을 무조건 신뢰한다는 것이며 바다는 탁류의 강물을 가리지 않듯 누구나 반긴다는 뜻일 것이다.

'사람이 살아가는데 가장 중요한 미덕은 신뢰다.'라는 무신불립(無信不立)의 사자성어를 다시금 음미해 본다.

(2007. 11)

복권 맞은 기분

　사람은 저마다 취미생활이 있을 것이다. 나도 사진 찍기를 좋아해 20대부터 카메라를 손에 잡기 시작했다. 사진이란 남다른 감성과 기술이 뒤따라야 좋은 작품이 탄생한다고 본다. 이를 위해선 많이 찍어보고 남의 좋은 작품을 감상하는 것도 도움이 될 것이다. 이 때문에 카메라 N사 홈페이지를 자주 접속하여 포토갤러리에 오른 작품 감상과 포토스쿨 온라인강의도 열심히 보고 있다.
　그러던 어느 날, 우연히 춘천에서 정기출사가 있다는 공지자료를 접하고 등록신청을 하게 된다. 하지만 참가자 결정을 선착순이 아닌 추첨으로 결정한단다. 그러기에 등록을 하면서도 크게 기대는 걸지 않았다. 젊은 시절 주택복권에 '꽝' 맛을 수도 없이 본 기억이 있기 때문이다. 그런데 이게 어찌 된 일인가. 개인 참가자를 전국에서 20명 선발하는데 당첨이 된 것이다. 참으로 세상 오래 살고 볼 일이다. 마치 1등 복권에라도 당첨된 기분이다. 당첨자 발표를 보고도 잘 믿어지지 않던 사실이 며칠 뒤 N사 담당자한테서 온 전화를 받고서야 실감이 났다. 그랬다. 내 60여 평생 '당첨'이란 단어가 처음으로 내 것도 있구나! 느꼈으니 그럴 만도 하지 않겠는가.

드디어 기대했던 출사 날이다. 아침 일찍 개별 출발하여 첫 집결지인 김유정 문학촌에 약속 시각보다 일찍 도착했다.

예정시간이 되자 관광버스에서 내리는 행사 담당자와 출사 참가자들을 만났다. 이어 간단한 소개와 촬영조를 편성했다. 나는 4조에 편성되었다. 4조라. 숫자의 선호도를 보면 중국인은 8자를 좋아하고 한국인은 4자를 싫어하는 사람이 많다 한다. 그러나 나는 그렇게 생각하지 않는다. 4라면 둘이 만나 4를 이룬 것이다. 즉, 한 가정의 부부가 두 자녀를 둔 뜻이니 이 얼마나 행복한 숫자인가. 바로 두 자녀를 둔 내 경우와도 같다. 나뿐만이 아니다. 성혼한 딸이나 아들도 모두 두 자녀를 두었다. 그리고 나는 4형제의 맏이기도 하다. 이런 상징성이 있는가 하면, '4'자와는 인연 또한 깊다. 내가 사는 고장이 국도 44호선 주변이며 현재 거주하는 아파트 또한 4층이다. 공교롭게도 출가한 딸이 사는 아파트 호수도 404호가 아닌가. 그뿐만이 아니다. 내 혈육의 사랑스러운 4명의 손자(친, 외손 포함)까지 있다. 이래서 나는 '4'자를 행운의 숫자라는 7자만큼이나 좋아한다. '4'자와의 인연은 여기서 끝나지 않는다. 바로 오늘 이 행사를 주관하는 'N사'의 본사도 서울 남대문로 4가에 있지 아니한가. 그러하기에 나는 속으로 쾌재를 불렀다. 어느 CF 방송에서 꼬마가 다리를 흔들며 하는 말이 있다. "좋아 부러~" 어느새 나도 그 흉내를 내는 게 아닌가.

오전에는 김유정문학촌과 김유정역 주변을 촬영했다. 실레마을에 와보니 김유정의 소설 「동백꽃」이 머리에 떠오른다. 점순이네 수탉이 암탉을 몰고 다니며 거들먹거리는 장면이 눈에 아른거린다.

오후에는 남이섬으로 이동했다. 이 섬은 청평댐 건설로 생겼으며 조선조 세조 13년에 이시애 난을 평정하여 공신이 된 남이장군의 묘가 있다 하여 이름 붙여진 아름다운 섬으로 춘천의 대표적인 관광지다. 남이섬은 국내는 물론 외국에도 드라마 '겨울연가'로 말미암아 한류열풍을 타고 많이 알려진 곳이다. 막상 배에서 내려 보아도 이를 반증하듯 이곳이 한국인지 외국인지 헷갈릴 정도로 외국 관광객이 많이 보인다. 남이섬을 '나미나라공화국'이라고 하듯 제삼국에 온 기분이다.

배에서 내리자마자 행사담당자는 조별로 미션을 부여한다. '포토스쿨'이란 주제로 이를 형상화한 모양을 촬영한 메모리 카드를 제출하는 것이다. 미션치고는 녹록한 게 아니었다. 6명의 조원과 머리를 맞대고 협의한 결과를 합심하여 직접 연출과 출연자가 되어 작품을 만들었다. 그리곤 각자 개별 작품 감을 찾아 헤어졌다.

이윽고 하루 행사를 마칠 시각이 되었다. 단체 기념사진 촬영을 끝으로 일정이 모두 종료되었다. 역시 춘천에 와서 대표적인 음식인 막국수와 닭갈비를 먹지 않고는 춘천을 다녀갔다고 말할 수 없다. 행사담당자는 이를 눈치라도 챈 듯 점심에는 막국수, 저녁은 숯불구이 닭갈비로 푸짐한 식사를 마쳤다. 이날에 하이라이트인 미션 결과발표 시간이 되었다. 모두 숨을 죽이고 담당자의 결과발표에 귀 기울일 수밖에….

 제일 먼저 3등에 4조, 와! 환호 소리가 터져 나왔다. 조금은 아쉬웠지만 그래도 만족스러운 결과다. 2등에는 2조, 대망의 1등에는 5조가 결정되었다. 순간, 모두 축하와 격려의 박수로 그 열기는 추운 겨울 날씨를 녹이기에 충분했다. 어디 그뿐인가. 상품과 덤으로 실용적인 기념품까지 한 아름 안고 왔으니.

 그랬다. 진정 나는 오늘 복권 맞은 듯 기분 좋은 하루였다. 근래 가장 기억에 남는 날이었으며 솜사탕처럼 달콤한 행복을 맛본 하루였기 때문이다. 누군가 말했다. "행복은 멀리 있는 게 아닌 가까운 곳에 그리고 아주 작은 곳에 숨어있다."라고.

(2009. 12)

특이한 두 권의 책

 그는 어렸을 적부터 책 읽기를 좋아했다. 그가 평생을 살아오면서 이재(理財)면에서는 둔한 편이었으나 책에 관해서만은 유달리 욕기가 있었다. 직장생활을 할 때다. 주변 동료나 친구 중에는 부동산투자나 주식에 눈을 돌려 적지 않은 재미를 본 친구가 더러 있었다. 이들과의 술좌석에서 그와 관련된 알맹이 정보를 넌지시 알려주는 친구가 있었지만 귀담아두지를 않았다. 내 딴에는 매달 꼬박꼬박 급여가 나오겠다. 퇴직해도 연금이란 믿는 구석이 있었기 때문이다. 그러니 재산을 모으고 불리는 데 신경을 쓰기보다는 책에 관한 관심이 높았다. 그래 보았자 결과는 많은 장서를 하였다는 것은 아니다. 그렇다고 경제적 가치가 높은 희귀자료나 고서를 수집했다는 것은 더욱 아니다. 다만 읽고 싶은 책이 있을 때는 그에 대한 욕구가 남달랐다.
 이번에도 그랬다. 그의 졸저 「호수 위에 섬 하나」를 전국의 친지와 여러 작가에게 보낸 바 있다. 그중 몇몇 작가분들에게 보내는 책 속에 편지를 함께 써서 보냈다. "어느 작품집이 보고 싶은데 혹시 장서 여분이 있으면 한 권 보내 주십시오."라고. "두드리면 열린다."라고 했던가. 결과는 상상외로 여러 권의 작품집을 보내왔다. 참으로 가슴속 깊이 고마움을 느꼈다.

이렇게 받게 된 수증 도서가 그에게는 모두 보배와 같은 소중한 자료다. 그중에는 어느 원로작가 두 분께서 보내준 특이한 두 권의 책이 있었다. 이에 진한 감동을 하였기에 오래도록 기억할 것 같다.

이 중 한 권의 책을 대하면 마치 목욕탕에 벌거벗은 나상들이 연상된다. 그런가 하면 예전에 학생들이 애용하던 반들반들한 양은 사각 도시락이 떠오르는 건 무슨 일일까? 이런 연상은 아무래도 '표지가 벗겨진 누드 책'이었기 때문일 것이다.

이 책을 대하니 불현듯이 어렸을 적 생각이 떠올랐다. 한때 서당에서 한문수학을 한 적이 있었다. 당시만 해도 출판서적의 지질이나 제본 상태가 좋지 못했다. 그런 관계로 학동들의 책 표지가 너덜거리거나 벗겨지기가 일쑤였다. 어느 날 훈장님은 책을 견고히 관리한다는 명목으로 학동들에게 모두 책표지에 가의(加衣) 작업을 하게 시켰다. 두꺼운 누런 포대용지를 뜯어 표지 크기로 잘라 여기에 밀가루 풀을 쑤어 두어 겹으로 발라 말린다. 이를 표지 위에 덧옷을 입혀 끈으로 꿰매 사용한 것이다.

그 당시 손때가 묻었던 책들이 생각나 서재를 뒤져보았다. 반갑게도 천자문을 비롯해 사부님이 노트에다 직접 필사본으로 만들어

주신 김삿갓 한시집 등 모두 다섯 권이 서가 한쪽에 다소곳이 숨은 듯 끼어있었다.

 이 책들을 대하는 순간 거기에는 10대의 한 소년 모습이 그림자처럼 아른거렸다. 글을 읽던 학동은 슬그머니 장난기가 발동했다. 스승님의 눈치를 살피며 코앞에 펼쳐진 책을 보는 척했지만, 손가락은 친구의 옆구리를 찌른다. 엉덩이는 들썩들썩, 어깨는 흔들거리며 입으로는 능청스럽게 하늘 천, 따지, 거물 현, 누를 황… 백수문을 읽는다. 천진무구했던 50여 년 전 그의 모습이 책 표지 위에 소나무껍질처럼 덕지덕지 붙어있었다. 그 당시 함께 공부했던 서동들이 새삼 그리워진다.

 이 '표지가 벗겨진 누드 책'은 10여 년 전에 출간된 수필집이긴 하나 관리상태가 양호하여 새 책과 다름없이 깨끗했다. 표지는 출고 당시부터 없었다 한다. 그러니 완제품은 아니다. 당시 저자에게 배본된 책 중 서너 권이 포함되어 있었는데 기념으로 장서 중 보내온 것이다.

 또 다른 한 권은 앞서 와는 반대로 마치 옷을 두, 세 겹 껴입다 보니 장애판정을 받은 격이다. 외관상 표지와 제본 상태는 정상이나 책 속에 특이함이 숨겨져 있었다. 책장을 들추다 보면 중간쯤 네 쪽에 글자가 여러 번 겹치기 인쇄된 부분이 나온다. 솔직히 이 부분의 내용이 무엇인지 궁금하지 않을 수 없다. 하지만 알 길 없으니 어찌하랴 수수께끼로 남겨둘 수밖에. 이 책 또한 하자 분으로 폐기처분 대상이지만 저자가 기념으로 관리하던 중 내게 보내준 것이다.

옥에 티라 했던가. 이 두 권의 책에는 비록 일부 흠이 있긴 하나 그 내용의 작품을 탐미하노라면 '역시나!'라는 감탄을 하게 된다. 마치 몇 년을 두고 숙성한 된장의 구수함과 묵은지의 새콤함 그리고 골 깊은 산 중에 옹달샘의 시원함 등을 글맛에서 느낄 수 있기 때문이다.

이는 짧지 않은 문학의 연륜에서 수련되고 정선된 문장과 장어 꼬리 같은 유연한 문체가 빚은 결정체라 할 것이다. 또한, 오랜 사회 경력 속에서 터득한 지혜 등, 이 모두가 한데 어우러져 피워낸 한 송이의 꽃을 보는 듯하여 감동하지 않을 수 없다. 또한, 이 두 분께서 보낸 책 속에는 하나같이 친서가 들어있었다. '발간된 지 오래되어 정상적인 책은 장서 여분이 없고, 찾아보니 이것이라도 있기에 보냄을 미안하게 생각한다.'라는 내용이다. 그 정성과 고마움에 절로 머리가 숙어진다.

앞서 두 권의 특이한 책을 본 후, 지나온 세월의 자신을 반성해 본다. 표지 없는 책처럼 겉은 허술해 보일지 모르나 내면만은 옹골찬 사람을 속단하고 얕잡아 보는 뒤넘스런 적도 있었을 것이다. 그와는 거꾸로 자신의 속에 있는 흠은 감추어둔 채 외양만 번지르르한 척 과시한 적은 아니 없었겠는가.

비움은 채움을 위한 준비라고 했다. 보다 실쌈스런 내면의 채움을 위해 내 마음도 많은 여백으로 비워둬야겠다.

(2007. 4)

4.
색깔 다른 잎사귀

「토지」와 박경리 선생

　한국 문학의 최고봉으로 손색이 없는 걸작품으로 평가받고 있는 대하소설 「토지」가 있다. 이를 쓴 박경리(본명: 박금이) 선생은 나의 어머니 세대로 올해 81세이며 경남 충무 태생이다. 그는 당시 29세 나이에 김동리의 추천으로 1955년 『현대문학』에 단편 「계산」이 실리면서 문단에 첫발을 내디디었다.
　나는 평소 「토지」를 읽고는 싶었으나 워낙 방대한 작품이기에 감히 선뜻 엄두를 내지 못하였다. 하지만 언제인가는 반드시 읽어보리란 신념은 버리지는 않고 있었다. 어느 날 읍내에 있는 공공도서관에 참고서적을 찾아보러 갔다가 우연히 서가에 꽂혀있는 이 책을 발견한 것이 읽게 된 계기가 되었다.

　「토지」는 첫 장에 '1897년의 한가위'란 문장으로 시작된다. 경남 하동의 평사리를 배경으로 5대째 대지주로써 엄청난 부를 바탕으로 최참판 댁은 이 지방 민초들에게 군림한다. 이 지역 소작인과 주변 인물이 살아가는 과정이 어두운 터널을 통과하듯 암울했던 일본 강점기를 관통하는 소재로 모두 5부작으로 나뉘어 펼쳐진다.

그 누구도 감히 넘볼 수 없었던 막강한 위엄과 부를 영위했던 최참판 댁 일가가 조준구의 사악한 계략으로 몰락을 맞게 된다. 최참판 댁의 유일한 정통혈육인 서희는 마을 사람들과 간도로 이주하게 되는데 공 노인의 적극적인 도움으로 이곳에서 대상(大商)으로 성공한다.

서희는 결국 조준구에게 잃었던 재산을 되찾게 된다. 하지만 귀향해서도 평탄치 못했던 가노(家奴) 출신 길상과의 결혼생활은 별거와 남편의 오랜 투옥생활 등으로 인하여 결코 행복하지만은 않았던 그의 일생을 엿볼 수 있다. 또한 조준구가 최참판 댁에 저질렀던 악행 과정과 그의 처절한 마지막 삶의 종말, 그리고 평사리 사람들과의 칡넝쿨 같이 얽힌 삶의 이야기가 이 작품의 주제다.

특히 3부에서는 일제에 의해 추진된 자본주의와 경제적 억압이 대처를 중심으로 전개되며 3·1운동 후유증에 시달리는 지식인 집단의 갈등과 혼란이 현실을 보듯 묘사되었다. 이 작품 속에서 흘러가 버린 48년간 한민족사의 시대 변천사를 항아리 속 들여다보듯 하게 된다.

여기서 주목할 점은 인간이 악(惡)으로 쌓은 부(富)는 마치 모래성과도 같아 다음 세대까지 이어 가지 못하고 결국 당대에서 악으로 끝맺음한다는 메시지를 조준구란 인물을 통해서 작가는 은연중

전달한 것이 아닐까 한다. 또한, 일일이 열거할 수 없을 정도로 수많은 인물이 등장한다. 이들과의 유기적인 상호관계, 반세기 가까운 동안의 그 시대상(時代相)과 톱니바퀴같이 맞물려 넘어가는 소재들을 이끌어 나가는 선생의 작품표현 기법에 사뭇 감탄하지 않을 수 없다.

「토지」는 1969년「현대문학」9월호 연재를 시작한 이래 장장 25년간이란 세월에 걸쳐 집필하였다는 점이 다른 작품과는 대별된다. 작품 속에서 해방 소식을 최서희가 딸 양현으로부터 접하는 것으로 끝을 맺게 된다.

우연한 일치라 할까. 작가의 현실이 광복절날인 1994년 8월 15일 새벽 2시, 원고지 위에 마지막 문장 '…푸른 하늘에 실구름이 흐르고 있었다.' 다음에 '끝'자를 씀으로써 원고지 4만 장 분량의 작품「토지」는 그 대단원의 종막이 내려졌기 때문이다. 결국 선생은 43세의 젊은 나이에 작품을 시작하여 칠순을 두 해 앞둔 68세에 탈고한 셈이다.

나는「토지」의 첫 장을 펴든 지 꼭 두 달 만에 최종 21권의 마지막 장인 404쪽을 덮음으로 그 읽기를 끝냈다. 선생께서는 25년, 즉 300달이나 되는 오랜 세월을 두고 심혈을 쏟아부어 쓴 작품에 비한다면 독자는 단 두 달이란 짧은 기간 내에 읽은 것이다. 어찌 보면 선생에게 미안한 마음이 든다. 너무나 쉽게 주마간산(走馬看山)격으로 읽은 것이 아닌가 하는 생각에서다.

박경리 선생의 개인적인 일면을 살짝 엿보면 그의 심성은 마치 새봄에 돋아나는 햇순처럼 여리고 순수하다는 것을 짐작하게 한다. 그의 산문집 「꿈꾸는 자가 창조한다」를 통해 본 추상이다.

자신이 사는 집 주변에 서식하는 스무 마리 정도나 되는 들고양이를 위해 큰 냄비에 밥을 지어 먹이는가 하면 먹성 좋은 고양이에게 정부미를 포대 채 들여놓고 밥 따로 국 따로 끓여 먹이는 잔정을 베풀었다.

어느 날엔가는 집 주변 웅덩이에 물이 빠져버린 바닥에 새까만 올챙이들이 우글거리고 있는 것을 발견하고 말라죽을까 염려되어 호스를 끌어와 물을 대주어 살려낸 일화도 있다.

그의 평소 생활은 검소함이 몸에 전착(纏着)되어 있는 것 같다. 그 한 예로 6·25 당시 얼마간의 양식을 얻기 위해 자신의 시계를 풀어준 뒤 지금까지 시계를 가진 적이 없다고 술회하고 있기 때문이다.

이 글을 읽고 나 자신부터 가슴이 뜨끔해짐은 숨길 수 없는 사실이다. 요즘 세간에 오르내리는 일부 부유층에서 가진 자의 과소비행태가 과연 옳은 것인지 한 번쯤 음미해 볼 일이 아니겠는가.

박경리 선생께서 「토지」의 집필을 시작한 시기에 나는 약관(弱冠)의 나이로 공직생활을 시작했다. 그는 25년이란 기간에 무명작가에서 한국 문단에 거목으로 우뚝 섰으며 불후의 명작까지 남겼다. 나는 10년이란 세월을 공직에 더 투자하였다. 그러나 무엇 하나 뚜렷한 발자국조차 남기지 못한 채 지난 2003년도 35년이란 공직생활에 마침표를 찍고 원래의 자리였던 일반인으로 돌아왔다. 부끄럽다. 하지만 지난 재직 시절을 반추해보아도 나름대로 열심히 근무했다고 생각한다. 자신의 영달을 위해 아첨하지 않았으며 오직 소임을 성실하게 수행한 후 명예로운 공직마감 한 사실에 자부심을 느낀다.

퇴직 후, 어쭙잖게 글 쓰는 문단 말석 글쟁이로서 바람이 있다면 독자가 공감하며 오래 기억할 수 있는 글 한 편쯤 남기고 싶다. 내 깜냥으로 코웃음 받을 과욕인 줄 안다. 하지만 내가 지향하는 최고봉(峰)으로 삼고자 한다. 박경리 선생은 "꿈꾸는 자가 창조한다."라고 하지 않던가. 누가 알랴. 오달진 노력을 하다 보면 피라미 낚시질에 월척 한 마리 물릴지….

(2007. 3)

*박경리 선생께서는 1926년생으로 2008년 5월 5일 83세에 별세하였다.
*전착: 덩굴 따위가 친친 휘감음.

횡 재

 산행을 다녀오는 길이다. 산길에서 벗어나 읍내 한 주택가를 지날 때였다. 허름한 주택에서 물건 나르는 한 중년 남자 곁을 지나치게 되었다. 언뜻 보니 무언가 들어있는 종이상자를 어깨에 메고 화물차 적재함에 싣는다. 짐을 옮기는 중년남성에게 말을 걸었다.
 "이사를 하시나 봅니다."
 그는 힐끔 나를 쳐다보더니 "웬걸요, 책 나부랭이 때문에 고물상 가려는 중입니다."라고 한다. 그러고 보니 화물차 적재함 위에는 과일을 담았던 종이상자 몇 개와 전집류 책 상자 두어 개가 이미 나뒹굴고 있었다. 강아지 눈에는 무엇만 뜨인다더니 명색이 글을 쓰는 나에겐 책이라는 소리에 귀가 번쩍 뜨이는 것이었다. 주인에게 양해를 얻고 이리저리 상자를 뒤적여 보니 거기에는 유아용 책과 주부들의 요리책을 비롯해 소설책과 잡지 등이 있었다.
 그중 상자표지에 눈에 번쩍 들어오는 것은 「세계문학전집」이었다. 주인에게 이 책을 나에게 줄 수 없느냐고 했더니 어차피 고물상으로 가는 길이니 담뱃값 정도만 내고 가지고 가란다.

호주머니에 손을 넣어보았다. 가지고 있는 돈이라고는 만 원짜리 두 장이 고작이었다. 주인에게 얼마면 되는지 우선 이거라도 받고 잠시 기다려준다면 집에 가서 돈을 가져오겠다고 했다. 그러나 그는 그것만이라도 감지덕지라는 듯, 폐지로 팔면 더 받겠느냐며 어서 가지고 가란다. 고맙다는 인사를 몇 번이고 되풀이하면서 그 책을 집으로 가지고 왔다. 집에 와 상자에서 책을 꺼내 확인해보니 모두 마흔두 권이었다. 책의 뒷장에 발행연도를 살펴보니 이십여 년이 넘긴 했으나 그게 무슨 대수랴. 또한, 책을 넣었던 겉상자에는 곰팡이가 나고 약간 헐긴 했으나 정작 상자 안의 책은 깨끗한 새 책이나 다름없었다. 또한, 정가를 확인해보니 삼십 만원이 아닌가. 구입 당시에는 적지 않은 금액이었을 터이다.

실로 나는 횡재를 한 셈이다. 그러나 책 주인은 어떠한 사정 때문에 폐지로 팔 생각을 했는지는 모르나 처지를 바꾸어 생각하면 아쉬운 일이다. 어쩌면 자녀를 위해 샀었거나, 또는 자신이 읽기 위해 어떠한 사정에 의해 할부로 구매하여 매달 꼬박꼬박 할부금을 냈을지도 모른다.

20여 년 전이면, 내가 직장생활을 할 때다. 그 당시에는 직장으로 다니면서 책을 할부로 판매하는 사람들이 많았다. 나도 넉넉지 않은 봉급쟁이였지만 책 욕심 하나는 있어서 할부로 책을 많이 산 편이었다. 그러나 당시만 해도 셋방살이를 면치 못하고 있던 터라

이 십

지난밤 올겨울 들어 첫눈이 내렸다. 오늘이 11월 '20일'이다. 절기상으로는 입동(立冬)이 지나 소설(小雪)을 사흘 앞두고 있으니 한겨울임이 틀림없다. 달력 두 장이 산사의 종각에 달랑 매달려 있는 범종처럼 덩그러니 벽에 걸려있다. 달력에 다닥다닥 박혀있는 날짜를 쳐다보노라니 숫자와 관련된 생각들이 꼬리를 쳐든다. 우리는 생활주변에서 숫자와는 떨어지려야 떨어질 수 없는 불가분의 관계에 있다. 이런 상황에서 '20'이란 숫자가 내 마음속에는 도장 자국처럼 남아있다.

'과거 없이 미래 또한 없다.'라고 한다. 오늘의 날짜를 찾아 과거 속으로 잠입해 본다. 먼저 국가적인 차원에서 발생한 일들을 보면, 1897년 오늘은 독립협회가 서울 서대문에 독립문을 세운 날이었다. 그리고 1905년에는 황성신문(皇城新聞)에 장지연이 시일야방성대곡(是日也放聲大哭)이란 논설을 싣고 을사늑약의 무효를 주장하는 항쟁이 전국각지에서 들불처럼 일어났다.

이외에도 국내외적으로 크고 작은 수많은 사건이 많았겠지만 내 개인적인 면에서도 오늘은 잊을 수 없는 날이다. 바로 1968년도 약관의 나이에 지방공무원에 임용된 날짜가 '11월 20일'이기 때문이다. 그로부터 35년이란 절대 짧지 않은 나의 젊음과 정열을 공직에 몸 바친 실마리가 되었다. 그러하기에 이날은 내 생애 영원한 기념비적인 날이 아닐 수 없다.

그럼 '이십'이란 숫자에는 어떤 의미가 있을까? '20'이란 숫자는 '19'보다는 크고 '21'보다는 작은 자연수가 아닌가. 일부 단위를 나타내는 명사 앞에 쓰이어 그 수량을 나타내는 것으로, 이를 읽을 때는 '이십'이라 하고 셈을 셀 때는 '스물'이라 한다. 그런가 하면 과학적인 측면에서 볼 때는 칼슘(Ca)의 원자번호이기도 하다.

사람의 나이로 '이십'이란 우리나라와 일본에서 법적 성년의 만 연령이 된다. 어디 그뿐인가? 담배 한 갑에는 더도 덜도 아닌 꼭 '이십' 개비가 들어 있는가 하면 화투놀이에서는 장땡이라는 최고 끗발 수가 되기도 한다. 또한, 이 숫자는 축구선수의 등 번호와도 관련이 있다. 국가대표 축구선수로서 중앙수비수인 홍명보 선수가 20번의 등 번호를 달고 종횡무진 운동장을 누비지 않았던가. 그리고 '이십'이란 숫자를 햇수로 계산하면 이는 공무원에게는 특별한 관심의 대상이요. 절대적인 숫자이기도 하다. 왜냐하면, 공무원으로 재직하다 퇴직하게 되면 공무원연금법을 적용받는다. 이때, 바로 공무원연금법 제46조에 의해 20년을 근무했느냐, 미달이 되는

가에 따라 하늘과 땅과의 차별을 받게 된다. 20년 이상을 근무했으면 퇴직연금을 받을 수 있으나 이 기간에 단 하루라도 미달할 시에는 퇴직일시금을 받기 때문이다. 이렇듯 '이십'이란 숫자는 공무원 한 사람의 인생행로가 좌우되는 잣대로 사용되기도 한다.

'20'이란 숫자를 해체하여 풀이하면 재미있는 해석이 나온다. 먼저 20은 '이별'을 뜻하는 숫자다. 왜냐하면 '2'는 둘이니 부부를 뜻하며 '0'이란 즉 빈 공자(空)로 '한쪽이 빈다.'라는 뜻이 되기 때문이다. 그런가 하면, 또 다른 각도로 이 숫자를 유추해 보면 앞서 와는 정반대가 되는 동전 같은 두 얼굴을 갖은 글자다. '0'은 곧 '둥글다(圓)'는 뜻이다. 이는 끝과 끝이 서로 만나 굴곡 없는 합일을 이룬 원만한 '만남'을 뜻한다. 그 때문에 찰떡궁합의 행복한 부부상을 나타내는 글자가 아닌가. 그뿐만이 아니라 '0'은 사람의 의사표시로 '그렇다, 좋다'라는 상징성이 있으며, 이는 '원(圓)'이라는 뜻을 내포하고 있으니 우리나라의 화폐 단위로도 사용하고 있다.

날짜로서 '20'일은 어떠한가. 이날은 바로 지방공무원의 급여 날이다. 젊은 시절, 말단 공무원의 쥐꼬리만 한 요걸 믿고 신용카드도 나오기 전에 외상이란 결제 방법으로 술을 먹었는가 하면 살림하는 아내는 어찌 이날을 손꼽아 기다리지 않았겠는가. 직장인에게 봉급날은 삶의 생명 끈이며 희망의 언덕과 같은 날임이 틀림없다. 이런 날이 내게도 35년, 즉 420여 회가 곁을 스쳐 갔다는 결론이 나온다. 이런 날이 어찌 기억에 남지 않겠는가.

이렇듯 '이십'이란 글자는 인간생활과 깊은 연결고리가 되는 숫자로서 다양하게 쓰임과 심오함마저 숨어 있는 것이다. 우리가 살아가면서 어디 의미 없는 숫자와 날짜가 있겠느냐만 '이십'이란 숫자가 내게는 남다른 의미와 뜻이 농축되어 담겨있는 하나의 캡슐이다. 미래의 오늘은, 또 어떤 의미로 내게 다가올지 기대해본다.

(2007. 11)

*민법 제4조(성년) 성년의 나이가 20세에서 19세로 개정(2011년 3월 7일)됨.

훼방꾼에게 당한 날

 장맛비가 내리던 지난 일요일 아침이었습니다. 아파트 창밖으로 멀리 보이는 공작산을 바라보았어요. 오던 비가 잠깐 멎었을 때였지요. 산을 껴안듯 운무가 아름답게 피어오르고 있었답니다. 아! 빨리 달려가서 저 풍경을 렌즈에 담아야지. 서둘러 카메라 장비를 챙겨 등에 지고 집을 나섰습니다. 어디쯤 가서 보면 저 장면을 멋지게 잡을 수 있을까? 마음이 급해 걸으면서도 머릿속에는 촬영 위치를 어느 곳에 정해야 할지 생각했습니다.
 드디어 공작산을 마주 볼 수 있는 석화산으로 올라갔습니다. 걷다가 한 곳에 발걸음이 멈추었지요. 이쯤에서라면 잘 보이겠지. 속으로 쾌재를 불렀습니다. 하지만, 숲이 시야를 가려 시원스럽게 공작산을 조망할 수 없었습니다. 다시 이곳저곳을 헤매다 겨우 한 장소를 택해 카메라를 삼각대에 물려놓고 구도를 잡고 서 있었지요. 그러나 비는 이런 내 마음을 아는지 모르는지 계속 내리고 있었습니다.

　우산을 받쳐 들고 먼 산 바라보기를 하며 때를 기다리기로 하였지요. 그런데 이때 예상치 못한 훼방꾼이 출현했습니다. 바로 모기란 녀석들이 사정없이 팔과 손등을 물어뜯는 것이 아니겠습니까. 누가 이럴 줄 알았나요. 복병이 있을 줄, 분무식 모기약이라도 한 통 가방 속에 넣고 왔어야 했는데 때늦은 후회를 해봅니다.

　인내심을 발휘하여 두어 시간을 기다렸지요. 그러는 사이 잠깐 비가 멎는 틈새로 멀리 공작산 주변에 운무가 약간씩 피어오르기 시작했습니다. 흥분을 가라앉히고 카메라 셔터를 눌렀지만, 집에서 볼 때의 그 아름답던 모습이 재연 안 되었답니다. 비가 또다시 내리더니 이내 공작산은 빗속으로 숨어버리고 말았습니다. 세상사 어디 내 마음대로만 될까요. 자연은 끝내 아름다운 자신의 모습을 다시 보여주지 않았습니다. 이것은 아마도 나의 인내심을 시험해 보려 함과 그 이면에는 내공을 다져보라는 무언의 자연 스승이 숨어 있는 게 아니었을까요.

　나는 결국, 세 시간여 만에 백기를 들어야 했습니다. 정오가 훨씬 지난 탓에 배 속에서는 쪼르륵쪼르륵 시냇물 소리가 났습니다. 하지만 무엇보다 참기 어려운 건 무차별적으로 끊임없이 덤벼드는 훼방꾼의 도전에 더는 버틸 한계를 느꼈기 때문입니다. 더욱 막무가내로 도전하는 훼방꾼에게 두 손 들게 된 것은 무장해제 된 군사처럼 손 한 번 쓰질 못하고 고스란히 당하기만 했다는 것이 큰 원인이었습니다.

모기라니 생각나는 이야기가 떠오릅니다. 이외수의 「하악하악」에 보면 모기에 관한 이런 내용이 있습니다.

> 모기가 스님에게 물었다. 파리가 가까이 가면 손을 휘저어 쫓으면서 우리가 가까이 가면 무조건 때려죽이는 이유가 뭡니까. 스님이 대답했다. 얌마, 파리는 죽어라 하고 비는 시늉이라도 하잖아, 모기가 스님에게 물었습니다. 그래도 불자가 어찌 살생한단 말입니까. 그러자 스님이 태연한 목소리로 대답했다. 짜샤, 남의 피 빨아먹는 놈 죽이는 건 살생이 아니라 천도야, 철썩!

스님도 때려잡는 모기에게 나는 왜 대책 없이 당하기만 했을까요? 생각하면 생각할수록 더욱 분통이 터집니다. 나는 불자도 아니며 그렇다고 자비심이 깊어서 그런 것은 더더욱 아닙니다. 그 이유는 바로 왼손에는 우산을 오른손은 삼각대 위에 설치한 카메라 릴리즈를 잡고 있었기 때문이었지요. 이는 마치 두 손이 묶인 채 매 맞은 꼴이 아니고 무엇이겠습니까. 그것도 우람한 황소 같은 놈에게 당했다면 모를까. 불면 날아갈 정도의 하찮은 모기에게 말입니다.

빗속에 공작산을 물끄러미 바라보며 훼방꾼에게 한마디 던지고는 일단 후퇴하였습니다.

"비 그치면 다시 오마."

(2008. 8)

점 액

춘천 구봉산 기슭에는 네이버(주)의 연수원과 인터넷데이터센터가 있다. 이 회사와 시니어IT 전문기업인 (주)에버영코리아가 강원도와 춘천시가 '어르신 일자리사업'을 추진하기 위한 4자 협약을 했다. 이에 따른 춘천거주 55세 이상 시니어 신입사원 채용을 한다. 이들이 담당할 업무로는 '네이버 서비스상에서 게시중단 서비스 운영과 부동산 모니터링'을 하는 것이다. 지원 자격으로는 성별, 학력 무관하며 인터넷 컴퓨터에 능숙한 자다. 이 소식에 혹하여 앞뒤 안 가리고 도전하기로 했다.

며칠 후 '채용설명회'를 개최한다기에 참석해 보니 입이 떡 벌어진다. 채용할 직원은 고작 32명인데 반해 참석인원이 200여 명은 족히 될 성싶다. 하지만 설명회가 끝난 후에 나로서는 크게 걱정하지 않았다. 설명을 들으니 우선 보수 면에서 볼 때 지원자가 그리 많지 않을 것 같다는 판단이 선다. 그리고 자신은 컴퓨터가 나오기

이전 군 행정병으로 복무하면서 타자기를 활용했다. 전역 후 직장에서도 수십 년간 컴퓨터를 활용했을 뿐만 아니라, 12년 전 워드프로세서 2·3급 자격증까지 취득하고 있다는 나름대로 믿는 구석이 있었기 때문이다.

입사지원서는 인터넷을 운용하는 회사에 걸맞게 서류가 아닌 인터넷 접수를 했다. 회사홈페이지에 접속하여 지정서식에 따른 지원서를 입력하였다. 지원 자격에는 학력 무관하다 했지만, 막상 지원서를 작성해 보니 시시콜콜 언제 어느 학교를 졸업했느냐고 일일이 밝히란다. 거기에다, 가족사항이며 자신의 성격 관계와 무슨 자격증을 소지하고 있는지 자격증 사본 이미지까지 첨부 파일로 입력하게 되었다. 그뿐인가? 자기소개서를 쓰란다. 여기서 자신을 부각하려면 체계 있게 좀 더 많이 쓰고 싶었지만, 그것도 내용이 1,000자 이내로 제한했다. 입력하다 글자 수가 초과하면 초과한 글자 수만큼의 내용이 자동 삭제가 돼버리니 작업 중 맥이 끊겨 버린다. 다시 생각하고 쓰기를 반복하다 보니 입사지원서만 작성하는데도 오랜 시간 쩔쩔매는 꼴이 되었다.

채용선발 과정은 1차 서류전형을 거쳐, 2차 적성검사 및 실기전형에서 합격자는 3차로 면접전형을 치른다. 마지막으로 신체검사를 하는 모두 4단계의 관문을 거치는 제도였다.

1·2차 단계를 거쳐 3차 면접 전형을 보게 되었다. 제일 어렵게 생각했던 실기시험을 통과하였으니 면접시험쯤이야 낙관하고 가벼운 마음으로 집을 나섰다. 막상 면접시험장 대기실로 들어가면서

나와 같은 60대 후반의 또래가 많을 것으로 추측했는데 예상이 빗나갔다. 면접 응시대상자들을 슬쩍 훑어보니 내가 고령자축에 들고 거의 50대 중년층으로 보인다. 잔뜩 기가 죽어 있는 판에 네 명씩 부르는 첫 조에 그것도 첫 번째로 호명한다. 시험장에 들어가 앉으니 마음 가다듬을 틈도 없이 첫 번째 좌석에 앉은 나에게 면접관의 날카로운 질문공세가 시작되었다. 이럴 땐 끝자리가 부럽게 느껴진다. 지정 시간 20분이 두 시간만큼이나 길게 느껴지는 순간이다. 실기시험장에서는 왜 이리 시간이 빨리 흘러가나 했는데 면접시험장에서는 완전 반전 상황이 되었다. 하지만 예상치 못한 면접관의 파상 질문공세에 임기응변으로 위기를 넘기다 보니 지정시간이 종료되었다. 시험장을 빠져나오니 결과에 상관없이 기분은 날아갈 듯 시원했다. 그도 그럴 것이 입사지원서를 낸 지 꼭 30일 만에 마치 어두운 터널을 빠져나온 기분이었으니 왜 아니겠는가.

면접시험이 끝나고 마음속으로 결과에 연연하지 말자 했다. 입사를 꼭 해야만 가족을 부양할 수 있는 절박함이 있는 것도 아니기 때문이다. 그렇게 인정하면서도 5일 후의 합격자 발표에 신경이 쓰였던 것은 부인할 수 없는 사실이다.

드디어 합격자 발표의 날이 밝았다. 아침부터 막연한 기대 속에 마음은 한없이 부풀고 가슴은 마치 위층 집 어린아이 방바닥에서 뛰노는 소리가 난다. 궁금한 마음에 평상시에는 거들떠보지도 않던 신문 한쪽에 있는 '오늘의 운세'란까지 눈길이 간다. 그러나 원하는 답은 안 보인다. 다소 실망을 하기도 했지만, 한 가닥 희망의 언덕으로 보이는 집안의 길조에 기대를 걸었다.

지난해 자식 놈이 몸이 아파 병원에 입원했던 때가 있었다. 그때 병실로 지인들이 쾌유를 비는 뜻으로 보낸 여러 화분 중에 호접란이 있었는데 퇴원할 때 아비에게 준 것을 집에 가져다 놓았다. 그 호접란의 꽃을 거실에 놓고 보다가 몇 달 뒤 꽃이 져서 볼품이 없기에 그만 베란다로 퇴출했다. 베란다 한쪽 구석에서 관심이나 관리도 제대로 못 받고 월동한 난 호접란이다. 하지만 그는 나보란 듯이 마침 입사지원서를 접수한 날 꽃 한 송이를 살짝 피우기 시작했다. 뒤를 이어 면접시험을 보던 날까지 두 가지에 여섯 송이나 예쁜 꽃을 활짝 피운 것이 아닌가. 이걸 보고 마음속으로는 집안에 경사가 있으려나. 나 혼자 유리한 쪽으로 해석하고 말았다.

하지만 집안의 호접란 개화를 핑계로 은근히 기대했던 꿈은 오후에 시험기관으로부터 온 휴대전화 한 통의 문자메시지로 말미암아 무참하게도 박살이 나고 말았다.

이 결과를 놓고 나름대로 실패 원인을 분석해 보았더니 세 가지 답이 나온다. 그 첫째 이유로는 하루 4시간 30분 근무로 보수 면에서 일일 평균 2만 원대라 지원자가 많지 않으리라는 오판을 했다. 두 번째로는 알량한 자신의 능력을 과신하고 나태한 준비를 한 게 아닌가 한다. 세 번째는 내가 이십 대 초반기에 공무원 시험을 치른 때가 있었다. 그때처럼 "이 길만이 오직 내가 살 길이다."라고 뼈를 깎는 각오로 시험 준비를 안 했다. 그때와는 사뭇 다른 '되면 좋고, 안 돼도 그만'이라는 식으로 적극성이 모자란 점을 꼽았다.

그러나 결과에 따른 반성은 하되 결코 후회는 하지 않는다.

  시험제도의 결과에는 반드시 합격과 불합격의 상반된 부류가 나오기 마련이다. 합격자야 두말할 필요도 없이 때론 인생역전의 기회가 되기도 한다. 수험준비야 똑같이 고생해가며 노력했어도 결과적으로는 빛을 못 본 '성씨는 떨어질 낙(落)자에 이름은 방자(榜者)'라는 사람이 나온다. 바로 이런 사람을 비유적으로 '이마에 점이 찍혀서 돌아간다'는 뜻으로 '점액(點額)'이란 고사에서 나온 말이 있다.

  예전 고사에 보면 과거에 점액을 당한 대표적인 두 인물이 있다. 바로 김구 선생은 15세 때 과거를 본 후 해주에서 경과에 응시했건만, 연거푸 실패한 뒤 진로를 바꾸어 불세출의 민족 지도자가 되었다. 이승만 전 대통령도 수차례 과거에 응시하였으나 번번이 탈락의 고배를 마시고 우울한 나날을 보내다 배재학당에 입학하여 신학문을 공부하면서 진로를 바꾼 계기가 되었다 한다.

  나로서야 이제 칠순을 코앞에 둔 나이에 진로를 바꾼들 그 어떤 거창한 꿈을 세우랴. 하지만, 십여 년 이상 젊은 그들과의 한판 대결을 가린 끝에 결승점 턱밑까지는 가 보았지 않은가. 그 자체만으로도 위안이 되니 인제 그만 점액의 그림자를 지워보려 한다.

(2015. 6)

얼굴값도 못하는 간판

 방앗간에 갈 일이 생겼다. 며칠 전 백내장 질환이 있는 지인을 우연히 길에서 만났다. 동병상련이랄까. 나도 백내장 증세가 있던 터라 그와 진지한 얘기를 나누었다. 그가 발아 현미로 주스를 만들어 매일 아침 한 컵씩 마시길 권장하였다. 이를 실행하고자 방앗간에 가기로 한 것이다.
 1kg들이 소포장 발아 현미 두 봉지를 들고 집을 나섰다. 동네 골목을 지나려니 우연히 간판 하나가 눈에 번쩍 들어온다. 상호가 바로 '친절○○○'이다. 인간관계에서 친절만큼 고마운 것이 또 있을까. 초행길 여행 중 지리를 잘 몰라 허둥거리다 자상하게 길 안내를 해주던 사람이라든가. 관공서 민원담당 공무원이 내 일같이 내 가족처럼 성의를 다해 민원처리를 해줄 때처럼…. 하지만 반대인 예로 상가나 음식점에서 불친절한 종업원을 만나게 되면 참으로 불쾌하다. 누구나 그 업소는 두 번 다시 찾고 싶지 않을 것이다.

이런저런 생각을 하며 단지 '친절'이란 간판 문구에 마음이 끌려 나도 모르게 이곳으로 발길이 향한다.

　문을 열고 들어서려니 주인으로 보이는 중년 부부가 머리를 맞대고 떡을 만들고 있는 참이었다. 주인은 인사도 없이 용건부터 묻는다. 두 사람 곁에 쪼록쪼록 때가 찌든 의자 하나가 보인다. 우선 궁둥이를 붙이고 앉아 있으려니 잠시 후 주인이 앞으로 다가오기에 쌀 봉지를 건네주었다. "쌀가루를 생으로 물에 타서 마실 것이니 곱게 갈아주세요."라고 주문했다. 말 안 해도 안다는 뜻인지 아니면 기분이 언짢은 것인지 아무런 대꾸도 없이 쌀 봉지를 받아 든다. 그는 가위로 쌀 봉지 주둥이를 싹둑 자르더니 천장을 향해 입을 딱 벌리고 있던 분쇄기 아가리에 콱 쑤셔 넣는다. 그런데 자세히 보니 분쇄기 투입구에는 덮개가 없다. 주인이 분쇄기작동 스위치를 올리고는 옆 기계로 가더니 가래떡을 뽑는다. 그러고 보니 그는 장갑도 안 낀 채로 기계도 만지고 떡도 만지는 것이 아닌가. 부인은 손님이 곁에 앉아 있건만 한마디 말도 없이 자기 할 일만 계속하고 있다. 그는 찰떡에 팥고물을 묻혀 상자에 차곡차곡 담고 있었다. 그런데 작업하는 부인 손을 보니 그도 역시 남편처럼 맨손작업이다. 눈을 돌려 주변을 살펴보았다. 그들이 일하다 잠시 쉴 때면 이용하는 공간으로 보이는 조그만 평상 하나가 놓여 있다. 그곳에는 무엇이 마려운 듯 왔다 갔다 하는 애완견 한 마리가 보인다.

　음식물은 정갈해야 한다. 특히 먹을거리를 가공하는 작업장의 환경과 작업종사자 또한 청결해야 함은 두말할 필요 없다. 떡이란 가공

된 식품이기에 그냥 먹는 음식인데 어찌 맨손으로 기계도 만지고 떡도 만지는 것일까. 또 작업장 안에 강아지는 어떠한가. 아무리 깨끗하게 키우고 관리를 잘한다 해도 강아지는 움직이는 동물이다. 강아지 바로 코앞에서 떡을 만드는데 불순물이 안 들어간다고 그 누가 장담을 하겠나. 그뿐만이 아니다. 가루를 만드는 분쇄기도 그렇다. 24시간 계속 가동하는 게 아닐진대 덮개조차 없다는 것이 한심스럽다.

몇 분이 지났을까. 주인은 다른 일을 하다가 다시 돌아와 분쇄기에서 나온 쌀가루를 비닐봉지에 넣어 앉은뱅이저울 위에 털썩 놓았다가 말없이 내게 건네준다. 나 또한 대충 공임을 짐작하고 오천 원권 지폐 한 장을 주었더니 아무 말 없이 천 원짜리 한 장을 거슬러 준다. 쌀가루 봉지를 받아든 나는 "고맙습니다. 수고하세요."란 말을 꽁무니에 남기고 밖을 나오려니 주인의 퉁명스런 "예."란 단답형 음성만이 귓가를 스친다.

집에 와 방앗간 주인의 퉁명스런 대답과 불친절한 행동을 떠올리며 곰곰이 생각에 잠겨 본다. 하필 가던 날이 장날이라고. 이날따라 그들은 부부싸움을 한 상태는 아니었는지? 또는 자딸게 쌀 두 봉지 달랑 들고 와 가루 내달라고 한 내가 달갑잖은 손님이었을까? 이도 저도 아니라면 평소에도 그 모습이 그들의 일상이었나? 그들의 본래 모습을 알 수는 없지만, 고객 입장에서는 그리 유쾌하지 않았다.

허울 좋은 '친절○○○'이란 간판이 무색할 뿐이다. 상호란 그 업소의 얼굴이 아니겠는가. 주인 잘못 만나 애꿎은 간판만이 얼굴값도 못한다고 손가락질 받는 꼴이다. (2012. 3)

*자딸게: 통이 작다 또는 샌님같다는 뜻의 강원도 사투리

촌놈 도시적응 신고식

 영화 한 편을 보기 위해 집을 나섰다. 시내로 이사 온 지 두어 달 된다. 막상 영화를 보려니 영화관이 어디 있는지도 모르겠다. 아련히 옛날 육림극장이 생각났다. 일단 중앙동 쪽으로 나가보기로 했다. 오늘은 승용차를 놔두고 대중교통을 이용해 봐야겠다. 시내 변두리에 살면서 승용차로 시내를 진입할 때면 늘 주차가 신경 쓰였기 때문이다. 어쩌다 서울을 가서도 교통수단은 택시나 지하철을 이용했다. 그런 탓에 춘천으로 이사를 와서도 시내버스를 타보기란 첫 시도이자 첫 경험인 셈이다.
 우선 아파트 앞길 건너 정류장에서 버스를 기다렸다. 평소 직행 버스는 이용해 보았으나 시내버스를 이용할 기회가 없어 관심이 없었다. 그러니 시내버스 운행노선이나 시간도 모르며 요금조차도 얼마인지 모른다. 무작정 정류장에서 기다린 지 20여 분 만에 버스 한 대가 온다. 버스 옆구리에 붙어있는 경유지를 힐끔 보니 중앙동이란 글자가 없기에 다시 주저앉아 기다렸다. 한참 후에 나타난 버스에는 중앙동이 있기에 옳다구나 하면서 일단 버스에 올라탔다. 요금이 얼마냐고 물어보려고 하던 참이다. 바로 요금함 앞에 성인 1,300원이라고 써 붙인 글자가 눈이 들어온다. 주머니에서 요금을 꺼내 요금함에 넣고 의자에 앉았다. 몇 정거장을 지나는데 가만히 보니 버스는 목적지 반대방향으로 자꾸 달려가고 있는 것이 아닌가. 운전기사에게 물으니 반대편 정거장에서 잘못 탄 것 같으니 다음 정거장에서 내려 다시 타라고 일러준다. 버스요금 1,300원만 날린 꼴이다.

　버스에서 내려 길 건너 정류장으로 가 버스를 기다리니 수많은 버스가 오긴 하나 목적지로 가는 버스가 드물었다. 한참을 기다리다 조금 전 타 본 7이란 번호가 쓰인 버스를 탔다. 일단 버스를 타면서 혹시나 해서 운전기사에서 물었다. "중앙동 쪽으로 갑니까?"라고 물으니 "바로 앞 버스를 타지 그랬어요. 그 버스를 타면 15분 걸리는데 이 버스는 빙빙 돌아 30여 분이 걸린답니다."라고 한다. 모르니 어쩌겠는가. 아차! 싶었지만, 다시 내릴 수도 없는 상황이다. 막상 버스요금을 내려고 지갑을 열어보니 백 원짜리 동전 몇 개와 만 원권 지폐만 들어 있다. 일단 300원을 요금함에 넣고 만 원권을 넣으면 거스름돈을 내주겠거니 하는 생각에 지폐를 넣으려는 순간이다. 운전기사가 목소리를 높여 "만 원권은 안 돼요. 천 원짜리를 넣으세요. 지폐 잔돈을 거슬러 줄 수가 없습니다." 한다. 지갑과 주머니란 주머니는 이쪽저쪽 위, 아래 안쪽 주머니까지 몽땅 뒤져도 없는 천 원권이 나올 리 없다. 난감하다. 어쩌겠는가. 천 원권이 없으니 다음 정류장에서 내려달라고 하니 운전기사가 한심하다는 듯 "그럼 신용카드도 없어요?" 한다. 그제야 지갑을 꺼내어 확인해 보니 교통카드 기능이 내장된 신용카드가 있다는 걸 미처 생각 못 했다. 그럴 수밖에. 시내버스를 처음 타보며 버스요금을 카드로 결제 해본 적도 없었으니까. 요금함에 넣었던 동전을 되돌려 받으며 신용카드로 요금을 가까스로 내고 자리에 앉았다. 다른 승객들 모두 이런 내 꼴을 바라보고 있는 것 같아 민망하여 얼굴이 화끈거린다. 조금 전 카드결제를 하면서 보니 요금이 현금 내는 것보다 150원이 저렴하다는 것도 처음 알게 되었다. 어디 그뿐인가. 교통카드나 신용카드로 '하차' 체크한 후 40분 이내 환승 시 요금을 내지 않아도 된다는 사실도 뒤에 알았다.

　버스는 이 골목 저 골목길을 돌아 30분이 조금 지나 목적지인 육림고개 정류장에 도착했다. 막상 내리려고 하니 그냥 버스가 지나친다. 기사에게 왜 정차를 안 하느냐고 물으니 내릴 정류장에 도착하기 전 미리 벨을 누르란다. 하필 그 정류장에서 승차나 하차하는 사람도 없었다. 다음 정류장인 명동 입구에서 내렸다. 한참을 걸어서 육림고개에 이르러 주변 사람들에게 육림극장을 물어보았다. "아이고, 없어진 지가 언제인데…."라며 이상한 눈초리로 쳐다본다. 창피해서 얼른 자리를 뜬다. 이때 둘이 걸어가던 한 아가씨에게 가까운 영화관이 어느 쪽에 있느냐고 물었다. 그들은 친절하게도 우리도 그쪽으로 가니 안내해 주겠단다. 바로 M백화점 옆 골목까지 앞장서서 오더니 'CGV 춘천 명동점' 건물을 가리키며 "저 곳입니다. 즐거운 시간 되세요."라는 인사까지 남기고 총총걸음으로 사라진다. 날씨도 추운데 직접 안내해 주고 가는 두 아가씨가 참으로 고마웠다. 그들이 어쩌면 지리도 모르며 없어진 예전 극장을 찾는 걸 보니 어디 먼 산골에서 나온 촌 늙은이로 알고 친절을 베풀었지 싶다.

영화는 2015년 새해 첫날 전국 400만 관객돌파라는 신기록을 세웠다는 '님아, 그 강을 건너지 마오'를 상영하기에 그걸 보기로 했다. 요금은 만원인데 경로우대로 사천 원을 받는다. 정말 멍청한 늙은이를 대우해주는 곳도 있구나 싶다. 어렵사리 찾아온 노고에 대한 보상받은 기분이다. 한 시간 이십여 분 동안 상영된 영화가 끝나고 귀로에는 무조건 택시를 탔다. 요금은 중앙동에서 집까지 버스요금의 네 배가 나왔다. 시내버스 타보기 경험을 해보려다 바보짓만 한 일을 가족에게도 말하지 못했다. 승용차만 운행하다 시내버스를 이용해 보지 않은 대가일 것이다. 결국 춘천 변두리로 이사를 온 촌놈이 도시적응 신고식을 톡톡히 치른 셈이다. 하지만, 앞으로 지구환경을 위해서도 대중교통은 자주 이용해 볼 생각이다.

(2015. 1)

황당한 의사

　어제 아침 KBS텔레비전 아침 마당이란 프로그램을 시청하였다. 목요특강으로 'H'박사의 '병원, 제대로 알고 다니세요?'라는 주제의 강의였다. 나이를 먹을수록 병원 찾는 일이 잦아짐에 따라 처음부터 관심을 두고 시청하게 되었다.
　'H'박사가 말하는 주요 내용은 병이 나면 병원 갈 때 곧바로 큰 도시에 대학병원만을 찾는 것은 지양해야 한다는 것이다. 그 이유로는 여러 가지가 있겠지만, 큰 줄거리만 열거하면 첫째, 진료비가 비싸므로 경제적 부담이 되고 많은 환자가 몰려 기다려야 하는데 시간적 낭비가 크다. 둘째, 흔히들 대학병원이라고 해서 유능한 의사만 있다고 믿는다. 물론 저명한 전문의사가 많지만, 환자 모두를 전문의사가 진료하는 것은 아니지 않은가. 셋째, 동네병원이나 지방 병·의원에서도 가능한 진료를 대학병원부터 가보자는 식으로 몰리는 것은 잘못된 것이다. 실례로 건강 검진 같은 경우 전문의가 아닌 경력이 짧은 전공의가 담당하는 때도 있으므로 혹여 오판이나 신뢰가 덜 갈 수도 있다는 점이다. 이 말을 듣고 내가 경험한 황당한 일이 있었기에 전적으로 공감했다.

국민건강보험공단에서 건강검진을 받으라는 통보가 있었다. 지난달 어느 대학병원을 찾게 되었다. 검진 중 위내시경은 누구나 마찬가지겠지만 제일 싫어하는 검사 중 하나다. 그렇다고 피할 수도 없다. 막상 이 검사를 받으려면 괜히 긴장된다. 순서를 기다리다 드디어 나의 차례가 왔다. 내시경이 목구멍을 통하여 위(胃)로 진입하게 되면서 통증으로 인한 괴로움을 견디기란 그리 쉽지 않았다. 숨도 제대로 쉴 수 없을 뿐만 아니라 내시경이 위의 이곳저곳을 휘젓고 검사를 할 때는 정말 눈물이 날 정도다. 검사는 2~5분여의 시간이 소요된다지만 시작하자마자 괴로워서 단 1초라도 일찍 끝내주길 바랄 뿐이다. 그런데 의사는 내시경검사를 시작하더니 검사와는 전혀 관계없는 잡담을 간호사와 주고받는 게 아닌가. 의사가 간호사에게 "원주 버스요금이 얼마예요?"라고 묻는다. 아마도 간호사의 집이 원주로 최근 다녀오지 않았나 생각된다. 간호사는 "○○예요."라고 하니 "버스요금이 싸네!"라면서 이야기가 시작된다. 아니 남의 위 속에 내시경을 집어넣고 있는 상태에서 이 무슨 난데없이 쓸데없는 잡담인가. 그리고 원주 버스요금이 왜 갑자기 궁금하며 그것이 그리 급할 정도로 하필 진료 중에 물어볼 일인가.

의사가 간호사와 잡담하는 순간 나는 황당하고 무척 불안했다. 위 속에 내시경이 들어가 있는 상태라 통증과 호흡도 제대로 할 수 없다. 이런 상황에서 의사에게 말을 할 수도 없다. 저렇게 잡담을 하며 정신을 다른 곳에 팔다 까딱하면 어쩌나. 가슴이 조마조마했다. 그리고 '검사는 제대로 하는 것인가?'라는 걱정에 초조하고 불안감이 몰려오자 이마에는 식은땀이 날 정도였다. 그들의 잡담은 계속 이어졌지만, 대화 내용이 더는 귀에 들어오지 않았다. 그 당시에는 검사고 뭐고 빨리 내시경을 위에서 꺼내주길 바라는 마음뿐이었기 때문이다.

의사는 환자를 진료함에 보다 신중해야 하려니와 오직 진료에만 집중해야 하지 않을까. 그래야 환자는 안심되고 그런 의사를 신뢰하게 된다. 또한, 그것이 의사의 본분이며 의무일 것이다. 나는 이 황당한 의사로 말미암아 검사 내내 불안한 공포의 시간을 보내야만 했다.

지난번 어느 대형성형외과 수술실에서 환자를 눕혀둔 채 의료진들이 생일 케이크의 촛불을 끄며 즐거워하는가 하면 장난까지 치는 사진이 성형외과 직원의 SNS에 올라온 것을 보고 사회적으로 논란이 되었던 일이 있었다. 왜들 이러는지 모를 일이다.

의사는 인명을 다루는 의료 전문인이다. 이 때문에 그들이 사회에서 존경받는 이유다. 그러함에도 일부 의사가 자신의 본분을 벗어나 의무와 책임을 망각한 채 환자를 대한다면, 그는 존경이 아닌 지탄의 대상이 될 수 있다.

나도 몸이 아플 때는 우선 대학병원부터 가고 보자는 식으로 진료를 받았던 일이 부끄럽게 느껴진다. 특히 지난번 위내시경 검사를 담당했던 황당한 의사로 말미암아 생각을 바꾸는 계기가 되었다. 앞으로는 'H'박사의 강의내용처럼 무조건 대학병원만을 찾는 일은 지양해야겠다고 스스로 다짐해 본다. (2015. 1)

따로서기

우리 집에는 세상에 태어난 지 열 달이 돼가는 손자 녀석이 있다. 며칠 전 거실에서 소파를 잡고 일어서더니 '따로서기'를 하는 게 아닌가. 이를 본 할미는 넘어져 다치기라도 할까봐 질겁하고 붙잡아 앉혀 놓는다.

오늘 낮이었다. 소파에 앉아 텔레비전을 보고 있던 할아비 옆으로 녀석이 엉금엉금 기어왔다. 할아비 코앞에서 나 보란 듯 따로서기를 한다. 고 녀석 참 신기했다. 이 모습을 본 할아비는 기특한 나머지 곧바로 아낌없이 따다닥 힘차게 손뼉을 쳐주었다.

"지안, 잘했어, 박수!"

요즘 한창 지구촌 축제인 중국 베이징올림픽에서 메달 딴 선수에게 아낌없는 손뼉을 쳐 주듯이 말이다. 그런데 손뼉을 잘못 친 것일까? 따로서기를 하던 손자 녀석이 할아비 박수 소리와 동시에 그만 엉덩방아를 찧은 것이다.

숨이 넘어갈 듯 울어대기에 녀석을 일으켜 살펴보니 다행히 다친 데는 없다. 아이 울음소리에 주방에서 다른 일을 하고 있던 할미가 119 출동하듯 쏜살같이 달려왔겠다.

"아니 따로 선 아이를 넘어질세라 잘 살펴봐 줘야지 어쩌자고 놀라게 손뼉을 쳐요. 치길."

아내는 손자 앞에서 마치 군대에서 선임병이 신참에게 훈계하듯 면박을 주는 게 아닌가. 손자 녀석이 아직 말을 못 알아들으니 망정이지 할아비 체면이 바람 빠진 축구공이 되고 말았다.

국가적으로 올림픽에서 메달 딴 선수에게 치는 박수는 애국이고 내 집에서 손자 녀석 따로서기 재롱에 친 박수는 반역(反逆)행위라도 된단 말인가.

나는 아무런 반론도 제기 못 한 채 가자미눈으로 아내를 향해 흘기기만 했다.

오늘은 아내에게 일방적으로 당하긴 했지만, 몇 십 년 후에 손자가 이 사실을 듣게 된다면 내 반역행위는 반전될까?

목청껏 울어 젖히던 손자 녀석은 어느새 방긋방긋 웃으며 따로서기 재롱을 다시 시도하고 있었다. 조금 전 어느 강아지가 울었냐는 듯이….

(2008. 8)

공선옥 작가와의 만남

　오늘 아침 강원일보 신문을 보았다. 인제 만해마을에서 어느 문학 관련 단체가 주최하는 공선옥 여류 소설가의 문학 강연회가 있단다. 참석하고자 길을 나섰다. 한 시간여의 버스를 타고 강연이 있는 장소에 도착했다. 강연시간이 임박하니 실물로는 처음 대하는 공선옥 작가가 입장했다. 그는 마침 내가 앉은 앞줄 좌석에 강연 전 거쳐 가는 자리로 잠깐 앉았다. 강연에 나서기까지는 약간의 여유 시간이 있기에 간단한 수인사를 나누고는 미리 가지고 간 공선옥 작가의 소설집 「멋진 세상」의 뒷장 여백 면에 기념으로 사인을 부탁했다. 망설임 없이 즉석에서 기꺼이 정성스럽게 '늘 삶이 꽃처럼 환하시기를 ….'이라는 덕담의 문구를 넣어 '공선옥'이라고 친필 사인을 해주는 행운을 얻었다.
　공선옥 소설가는 전라남도 곡성에서 출생하여 1991년 「창작과 비평」에 중편소설 「씨앗 불」을 발표하면서 작가의 길을 걸었다. 평소 공선옥 작가의 작품이라면 거의 빼놓지 않고 탐독한 애독자의 한 사람으로서 직접 얼굴을 대하니 반갑고 또 강연회에 오길 잘했다는 생각이 든다.

강연장에는 지역 문인으로 보이는 독자들과 학생 및 만해마을에 마침 주말여행 차 와서 머물고 있던 외지 분들과 함께, 한 백여 명이 입장했다. 공선옥 소설가의 첫인상은 멋을 부리지 않고 억지로 꾸미지도 않은 마치 자연미가 몸에 밴 들꽃과도 같다는 느낌을 받았다. 화장한 듯 안 한 듯 가까이 대하니 얼굴에는 약간의 주근깨까지도 보이는 용모였지만 미모임은 분명했다.

공선옥 소설가는 의상 또한 세련되거나 그렇다고 화려하지도 않았다. 지극히 평범한 이웃집 아줌마와도 같은 옷차림새에서 오는 친근감이랄까. 유명 여류소설가로서의 위엄이나 거리감 같은 건 아예 찾아볼 수 없는 그런 호감이 가는 용모였다.

한 시간여 동안에 걸쳐 진행된 강연은 차분하면서도 또박또박한 목소리로 이어나갔다. 사전 준비된 원고에 의하지 아니하고 그때그때 떠오르는 육감으로 이야기를 이끌어 가는 것 같았다. 다만, 강연을 시작할 무렵 긴장함이 역력해 보였고 마치 시골 처녀의 수줍음 같은 걸 그의 표정에서 읽을 수 있었다. 이를 눈치채기라고 한 듯 작가 자신이 화두에 "대중 앞에 서본 경험이 적고 연세가 있는 독자분들이 앞자리에 계시니 솔직히 무척 떨린다."는 고백을 하므로 그의 겸손과 진솔함을 엿볼 수 있었다.

강연 중간마다 독자들과 직접 대화의 시간이 있었다. 문학에 대한 독자 자신의 견해를 밝히는 사람도 있었고 작가에게 돌발성 질문도 있었다. 이때 작가는 적절한 답변이 생각나지 않은 듯 말문이 막혀 잠시 어물쩍하는 모습을 보이기도 했다. 이런 순간에는 곧바로 재치 있는 진행자의 중재로 대신 소견을 밝히면서 순조롭게 강연은 진행되었다.

  이 모습을 보면서 나 자신의 과거 실수 경험이 떠오르기도 했다. 직장생활 할 때인데 30대 초반이었다. 백여 명이 모인 행사장에서 사회를 보는 위치였다. 식전 진행순서로 애국가가 울려 퍼지고 국기에 대한 맹세를 녹음이 아닌 직접육성으로 했다. 평소에는 막힘 없이 줄줄이도 잘 외던 것을 긴장한 탓에 그만 중간쯤에서 말문이 딱 막히고 말았다. 갑자기 눈앞이 캄캄해지며 머릿속이 하얘졌다. 가까스로 정신을 차리고 만일을 위해 준비해간 쪽지를 살짝 훔쳐보고 위기의 순간을 넘겼다. 단 몇 초간의 짧은 순간이었지만 등줄기 식은땀이 주르르 흐르는 걸 직감할 수 있었다.

  나도 대화시간에 "부담 없는 간단한 질문을 하겠다."라고 전제하고 "소설가로서 산문집도 냈고, 신문에 칼럼을 쓰기도 했는데 수필 장르의 문학을 작가는 어떤 시각으로 보고 있느냐?"고 물었다. 이에 대해 그는 "일부 기성작가들이 수필이나 시조를 문학으로 보지 않으려는 현실을 안타깝게 생각한다."라고 말하고 "수필가 자신들도 이런 일부 문단의 분위기를 쇄신하려면 자성의 노력이 필요하다."면서 "생활수필의 구태에서 벗어난 문학성이 있는 수필 쓰기에 노력해야 할 것이다."란 따끔한 충고의 말도 잊지 않았다. 솔직히 나도 어쭙잖은 수필을 쓰고 있는 한 사람으로서 부끄럽기까지 하였다. 하지만 절대적으로 공감했다.

마흔 초반의 나이, 원숙함과 풋풋한 젊음이 묻어나는 공선옥 여류 작가가 독자와의 대화시간에 진땀을 흘렸다. 마치 청문회장을 연상케 할 정도의 진지한 대화의 교류와 강연을 마치고 "오늘 좋은 이야기를 많이 들었다."라는 말을 남기고 그는 자리를 떴다.

글도 잘 쓰고 언변도 막힘없이 물 흐르듯 잘한다면야 더할 나위 없겠지만, 어디 그게 쉬운 일인가. 공선옥 작가도 강연 중간에 약간의 매끄럽지 못한 부분이 있었다. 하지만, 그는 전문 강사가 아닌 초청 작가로서 최선을 다했다. 너무 얄밉도록 똑똑한 척하고 한 치의 빈틈도 없는 사람보다는 약간의 실수가 있는 인간적으로 나는 이런 사람이 좋다.

귀갓길, 버스에 몸을 싣고 지그시 눈을 감은 채 오늘 공선옥 작가가 수필가들에게 한 충고를 다시금 떠올리며 깊은 상념에 잠겨본다. 더욱 수행정진 해야겠다는 다짐을 해 본다.

(2006. 7)

색깔 다른 잎사귀

　나는 '버들'입니다. 실체는 나무가 아닌 버들 류(柳) 자를 쓰는 사람의 성(姓)씨랍니다. 처음부터 그는 '柳'가 아니었습니다. 근원의 뿌리는 헌원(軒轅)이라 했는데 그 후 다섯 번의 개칭을 거친 지금의 '柳'로 된 것입니다.
　누구에게나 태어난 고향과 조상의 뿌리가 있습니다. 그 뿌리가 깊을수록 나무도 무성하기 마련입니다. 그의 고향은 황해도에 있는 문화(文化)라는 곳입니다. 고대 단군 조선 시대에는 당장경(唐藏京)으로 불리다 유주, 시영, 풍주라는 지명을 거쳐 고종 46년에 이르러 현 지명을 갖게 되었습니다. 이곳에 뿌리를 내린 시조(始祖)는 고려 태조 때 달(達)이었는데 오늘에 이르기까지 그 유구한 뿌리역사의 맥이 이어지고 있습니다.
　성은 개인의 동일성을 식별함과 아울러 혈통을 상징하는 기호라고 봅니다. 버들 柳자는 사전에도 나와 있듯 '류'와 '유'로 표기하고 있습니다. 우리나라에 한글로 '유'씨 성으로는 세 성(柳. 劉. 兪)이 있습니다. 그중 柳씨 대종회에서는 다른 유씨 성과 구별하기 위해 '류'로 표기하도록 결정하고, 이 뜻을 정부에도 알리어 수년 동안 통용되어왔습니다. 그 결과 공부(公簿)인 호적부(현 가족등록부)와 주민등록표 또는 부동산 등기문서까지 이렇게 등재되어있습니다. 그런데 1994년 7월 정부에서는 종전 사용하던 성씨 한글 표기관례를 무시하고 느닷없이 한글맞춤법 제11항(두음법칙)의 규정에 어긋난다는 이유로 '유'로 표기토록 강제규정한 것입니다.

이 조치로 인하여 주민등록표상 한 가정에 아버지는 '류'씨요, 자식은 '유'씨가 되어버린 어처구니없는 현실의 이변이 일어났습니다. 왜냐면 이미 주민등록표상 성씨를 '류'로 등재된 상태에서 정부가 강제 규정한 1994년 7월 이후 출생한 자녀들은 '류'가 아닌 '유'로 표기되기 때문입니다. 결국, 한 나뭇가지에서 색깔 다른 잎사귀가 생긴 것입니다. 웃을 수도 울 수도 없는 삼류 코미디 같은 장면이 눈앞에 펼쳐졌습니다. 엄연히 부모가 같은 친자이면서도 공부상으로 본다면야 친자가 아닌 남의 자식처럼 둔갑시켜놓은 꼴이 되었기 때문입니다. 아마도 이를 하늘에서 시조가 내려다보고 있었다면 바람 빠진 풍선 모습의 얼굴이었지 싶습니다.

인간에게는 마치 나무의 뿌리에서 우듬지까지 근원과 맥락을 밝혀주는 족보가 있습니다. 柳씨는 조선 세종조에 양도공(良度公) 영(潁)이란 분이 18년이란 오랜 기간을 통하여 세종 5년(1423년)에 세보를 수찬하였습니다. 소위 영락보(榮樂譜)라는 것이었는데 '족보'라는 이름으로 탄생한 책으로는 가장 먼저 만들어진 것입니다. 결국 이것이 우리나라 족보의 효시가 되었다는 긍지를 갖게 되었습니다.

문화 柳씨는 고려 태조 때 가문이 일어선 지 천백여 년의 장구한 역사의 흐름이 이어졌습니다. 또한 수많은 우리나라 성씨 중에도 그는 가장 먼저 족보를 지닌 성씨이기도 합니다. 또한 명나라의 우학사(于愼行)가 이른바 "조선의 柳씨는 진나라의 왕 씨, 사 씨와 당나라의 최 씨, 노 씨에 뒤지지 않는다."라고 할 정도로 인정받은 성씨였습니다.

물은 얕은 곳으로 흐르게 되어있으며 역류할 수 없다는 게 진리입니다. 굴절되고 왜곡된 진리는 언제인가는 제자리로 돌아오게 되어있습니다.

2006년 6월 12일자 강원일보와 2007년 5월 1일자 조선일보에 보도된 낭보가 이를 반증해 줍니다. 팔순의 한 柳씨 종친이 한글로의 호적 성씨를 '유'에서 '류'로 표기해줄 것을 바라는 '호적정정신청'을 법원에 출원했습니다. 대전지방법원에서는 기각한 원심을 깨고 항고심에서 호적정정을 허가한다는 결정을 내렸습니다.

그 결정문에서 "국가가 개인의 구체적인 상황이나 의사를 전혀 고려하지 않고 일방적으로 성의 한글표기를 두음법칙 적용을 강제하는 것은 개인의 자기결정권을 핵심으로 하는 헌법상의 인격권을 침해한다."라는 것이었습니다. 또한 재판부는 "성의 '柳'씨를 '유'로 표기하더라도 한글 표기만으로는 역시 유로 표기되는 '劉씨, 兪씨'와 구별되지 않고 성에 대해 두음법칙 적용을 강제할 만한 정당한 목적이나 구체

색깔 다른 잎사귀 · ― 215

적인 이익도 찾을 수 없다."라고 한 것이 그 요지였습니다.

　청주지방법원 민사 11부의 성명 관련 판결문에 의하면 '개인의 성(姓)은 오랜 기간 형성되고 유지돼온 일정한 범위의 혈연 집단을 상징하는 기호로 이름과 함께 개인의 동질성을 나타내는 고유명사' 라고 판시했습니다. 또한 국가가 성(姓)에 두음법칙을 적용해 '류'가 아닌 '유'로 표기할 것을 강제한다면 개인의 정체성에 혼란을 초래하고 국가가 개인의 생활양식 변경을 강제하는 결과를 가져온다는 점에서 인격권을 침해하는 것이라 지적했습니다.

　이렇듯 두 지방법원의 현명한 판결이 만시지탄의 느낌은 있으나, 참으로 다행스러운 일이 아닐 수 없습니다. 또한 국가는 어떤 새로운 제도나 법령을 만들 때 그것으로 인한 영향이 장차 비록 소수 국민에게 미치게 된다 할지라도 더욱 폭넓은 검토와 신중해야 한다는 것을 일깨워준 것이기도 합니다.

　그동안 그는 불합리한 법적 제도로 인하여 만신창이가 되었습니다. 결자해지 차원에서 정부는 결국 2007년 7월 20일 자로 두음법칙 예외를 인정하는 대법원 호적 예규(제723호)가 개정되었습니다. 이로 말미암아 그의 얼굴이 구름 속에 가려졌던 원래 본 얼굴을 자랑스럽게 보여줄 수 있게 되었습니다. 또한 이미 '유'로 표기된 가족등록부는 소정 서류를 갖추어 법원에 '류'로 '정정신청'을 출원하면 되찾을 수 있게 되었습니다.

　희망찬 아침 햇살이 살포시 내려앉습니다. 색깔 다른 잎사귀가 한 색깔로 변해가는 버드나무 초록 잎사귀에. 　　　　(2007. 8)

하 루

하루는 기획·연출 없는 인생 드라마의 한 장면이며, 인생이라는 표제 책의 한 페이지 내용이다. 이런 나의 하루를 잠시 뒤돌아본다.

아침 7시는 나의 기상 시간이다. 35년간 공직생활에서의 습관이 퇴직한 지 올해 7년 차가 되어가는 지금도 기상 시간만큼은 사계절 늘 변함이 없다. 일어나자마자 방마다 문이란 문은 모두 활짝 열어 밤새 탁한 집안 공기를 상쾌한 아침 새 공기로 순환시킨다. 그리고는 진공청소기를 작업 모드로 돌입하여 집 안 구석구석 청소한다. 청소가 완료되면 자식 놈이 몸담은 신문의 주요기사와 자식 놈이 오늘은 어떤 기사를 썼는지 훑어본다.

아침 8시 40분경이면 같은 읍내에 사는 며느리가 직장 출근길에 여섯 살배기 손녀와 네 살짜리 손자를 데리고 온다. 이때가 되면 아파트 주차장으로 내려가 며느리의 자동차가 오길 기다린다. 이 시간이라야 짧게는 10여 분, 길어야 20여 분 정도 되지만 한겨울에는 좀 부담스럽게 느껴진다. 추위 때문에.

　손주들을 데리고 방으로 들어오게 되면 이때부터 아내와 역할이 분담된다. 집안에서 내부적인 일은 아내가, 외부적인 일은 내가 맡기로 했다. 할미가 아침을 챙겨 먹이고 세수를 시켜 손녀의 어린이집 등원을 준비한다. 손주들 목욕은 아기 때는 거의 매일 시켰지만, 요즈음에는 격일제로 시킨다. 할미는 욕조에 물을 가득 담아 녹차 가루를 욕조 물에 타서 목욕을 시킨다. 녹차 가루는 몸에 해로운 세균 번식 방지와 피부미용 등에 효과가 있다. 손녀는 목욕을 좋아하지 않아 꽁무니를 빼기도 하는데 손자는 목욕하길 참으로 좋아한다. 할미가 욕조에 물 받는 기미가 보이면 할아비에게 쪼르르 달려와 "하비! 옷!" 하며 옷을 벗겨달란다.

　9시 30분경 손녀와 함께 어린이집에 갈 준비물과 가방을 챙겨 집을 나선다. 어떨 때는 괜히 가기 싫어 생트집을 잡기도 한다. 그럴 때마다 어르고 달래지 않을 수 없다. 어제 아침에도 어린이집엘 안 가겠다고 해서 한바탕 소란이 일었다. 끝내는 어린이집 담임교사에게 이 상황을 문자로 알렸다. 곧바로 전화가 오기에 휴대폰을 손녀에게 건네주었더니 이내 가겠단다. 담임교사가 무슨 말로서 달랬는지 녀석이 급반전하게 된 원인이 궁금하기도 하다.

　손녀를 어린이집에 보낸 10시경부터 오후 5시까지 나는 자유 시간이다. 하지만 할미인 아내는 손자에게 동화책을 읽어주기도 하며 같이 놀아주다 보면 어느새 한나절이 지난다. 손자는 매일 점심을 먹고 한 시경이 되면 일과처럼 낮잠을 자는데 스스로 잠드는 게 아니다. 이 녀석은 출생 후 어미인 며느리가 공직자로서 3개월 출산 휴가를 끝낸 후에 다시 복직하던 날부터 할미 품으로 왔다. 주말이면 어미에게 갔다가 월요일이면 다시 오길 반복하면서 몇 년간 할아비 집에서 자란 녀석이다. 그때처럼 요즘도 꼭 할미가 등에 업어서 재워준다. 세 시간 정도의 낮잠을 자고 나면 스스로 깬다.

나는 자유 시간을 적절하게 활용하고 있다. 손녀가 태어나던 해인 2005년에 개설한 인터넷 가족홈페이지 '도연이네 둥지'와 내가 2003년 퇴직하던 해 시작한 홈페이지인 '물뫼, 빛과 마음 그림을 그리다' 등을 관리한다. 가족 홈페이지에는 손주의 유아기부터 성장 과정을 수시로 사진기록 해주고 있다. 그런가 하면 신문사 취재기자인 아들이 매일 쓰는 기사를 하루도 거르지 않고 가족 홈페이지 게시판에 탑재해 준다. 내 홈페이지에는 당연히 내가 쓴 수필과 사진작품이 고스란히 탑재되어 있지만. 이런 가족의 발자국이 먼 훗날 더없이 귀중한 화석과도 같은 자료가 될 것이다.

손주들의 유아 시절부터 예방접종과 몸이 아플 때 병·의원을 데리고 다니는 일도 모두 내 담당이었다. 아비 어미가 직장을 나가니 할아비가 일일이 돌보아줄 수밖에 없었다. 두 녀석이 알레르기성 비염 증세가 있어 소아청소년과와 이비인후과 의원을 동시에 많이도 다녔다. 하도 병·의원을 자주 다닌 탓에 진료 받던 병·의원 접수창구에서 간호사들이 애들 얼굴만 보고도 이름을 기억해 말을 안 해도 알아서 접수해줄 정도였다.

어디 그뿐인가. 병원에서 처방받은 약을 먹이는 것도 할아비 담당이다. 원래는 내부적인 일이라 아내의 소관이지만 병원과 연관된 후속 조치도 나보고 맡으라니 어쩔 수 없이 분장 용무에 추가된 것이다. 때론 약을 안 먹으려고 발버둥을 쳐서 애도 많이 먹었지만, 요즘은 나름대로 익숙해져 그런지 잘 따라준다.

이 녀석들이 예방접종을 비롯하여 이비인후과에서 감기로 인한 코막힘 치료를 받을 때 보면 확연히 구별되는 것이 하나 있다. 누나인 손녀는 겁이 많아 울기를 잘했다. 그런데 동생인 손자는 유아 시절부터 예방주사를 맞거나 치료 받을 때 단 한 번도 울지 않았다는 점이다. 그래서 두 녀석이 함께 병원에서 진료를 받을 때면 동생을 먼저 시킨다. 그러면 누나는 동생이 진료 받는 것을 보고 억지로 울음 참는 모습을 보노라면 혼자 웃음이 '킥' 하고 나오곤 했다.

하루의 일정이 종료되는 마지막 코스로는 오후 5시에 손녀를 어린이집에서 데려오는 일이다. 어린이집은 도보로 한 10여 분 거리밖에 되지 않지만, 늘 할아비가 데려다주고 데려온다는 것이 그리 쉽지 않은 일이다. 특히 이 시간대가 되면 외출을 했다가도 반드시 돌아와야 하는 부담감을 안고 있다. 집에 데려오면 곧 세수를 시키고 저녁을 먹인다. 며느리가 직장에서 퇴근하면서 데려갈 때 아이들을 저녁 먹은 상태로 보내 주려는 시어미의 깊은 며느리 사랑이 숨어있음이다.

이런 일과가 4년째 연속이다. 손녀가 세 살 되던 해부터 어린이집에 나갔으니 말이다. 처음 두 손주의 육아를 할미가 맡으면서 자식 내외가 미안하니 매달 일정액을 수고비 조로 주겠다는 것을 일체 거절했다. 할아비 할미가 공무원 연금으로 생활하는데 큰 어려움 없기에 조금이나마 자식에게 부담을 주지 않으려는 배려에서다. 지금 생각해도 잘한 일이다.

올해는 손자 녀석도 어린이집에 보낼 계획이었는데, 어미가 한해 더 있다 보냈으면 하니 어쩌겠나. 내년에나 보낼 수밖에. 하기야 녀석이 생일이 늦어 실은 세 살밖에 안 되니 그러려니 한다.

오늘부터는 이웃에 사는 외손자까지도 내가 돌봐 주어야 할 일이 생겼다. 초등학교 4학년인 큰 외손자 녀석이 지난해 12월 교육청에서 선발하는 '수학영재 교육생'으로 4차 시험과정을 거쳐 선발되었다. 영재교육은 외손자가 다니는 학교가 아닌 읍내 다른 초등학교에서 수업하는데 오늘 첫 수업 날이었다. 매주 수요일 오후 2시 30분부터 두 시간 수업을 받는다. 이 시간에 맞추어 학교에 데려다주고 그동안 나는 운동장에서 시간을 보낸다. 수업이 끝나면 다시 자동차에 태워 학원에 데려다주는 일이 외할아비인 내 역할이다. 외손자가 두 녀석이다. 내 수필로 'KCU 한국 사이버 대학교'에서 주최한 제2회 문학상 은상 수상작이기도 한 「똥 더펄이」란 작품에 주인공이 작은 외손자다. 이 녀석이 어느새 초등학교 2학년이다. 내가 언제 '똥 더펄이' 짓을 했느냐는 듯이 의젓해졌다.

내년부터는 친손자가 어린이집에 갈 것이니 할미의 일손은 조금 덜어지겠지만, 내 일과는 자리가 날 정도의 변동이 없을 듯하다. 이렇듯 외, 친손 녀석들로 말미암아 나의 사회활동 영역이 많이 축소되었다. 개인적으로 친구와 지인들과의 친목회 모임과 문학단체

활동까지 4년째 모두 접었다. 벅찬 아내의 일손을 먼 산 보듯 할 수 없었기 때문이다. 그렇지만 나는 요즘 이 네 명의 친, 외손들의 꿈나무들을 바라보는 즐거움 속에 살고 있기에 늘 행복하다.

    모쪼록 건강하게 잘 자라주고 열심히 공부하여 장래 훌륭한 인재들이 되었으면 하는 바람이다. 그래야 할아비 할미가 애써 돌보아 준 보람이 있지 않겠는가. 오늘도 보람된 하루가 밝은 내일을 기대하며 우리 집의 가사 실록은 깨알처럼 기록되고 있다.

(2010. 2)

곁눈질

　나는 요즘 깊은 사랑에 빠졌다. 사람이 살면 몇 백 년을 사는 것도 아니며 한번 밟고 온 여정을 되짚어갈 수도 없는 게 인생길이다. 이를 핑계 삼아 그를 향한 곁눈질의 합리성을 깃발처럼 내세우고 있다. 그를 가까이하게 된 것은 두어 달 때쯤 된다. 우연한 기회에 인연이 되어 지금은 떨어지려 해도 떨어질 수 없는 관계다.
　조강지처인 마누라와는 사십여 년을 함께 살고 있다. 칠십 년대 초, 중매로 만나 젊은 시절에 넉넉지 못한 봉급쟁이 마누라로 고생도 많이 했다. 때론 아옹다옹하면서 살기도 하였다. 세월이 흘러 마누라는 육십 대 코앞에 와 있다. 우스갯소리로 여자 나이 육십 대이면 지나가던 강아지도 안 돌아본다고 하지 않든가. 처녀적 날씬했던 몸매는 온데간데없고 육중한 체구에 얼굴까지 주름살이 늘어만 간다. 흰머리는 속절없이 모내기용 묘판에 벼 새싹 나오듯 한다. 그래도 좀 더 젊게 보이려고 용쓴다. 매달 미용실가서 눈가림으로 머리에 물들이는 눈치니 말이다. 시거든 맵지나 말지. 거기에 다 아직도 심심치 않게 바가지까지 긁어댄다.

그러나 그는 다르다. 우선 외모 면에서부터 깜찍하도록 예쁘다. 체구도 작아 주머니 속에 넣고 다니고 싶을 정도로 앙증맞기까지 하다. 그는 내가 원하는 대로 말없이 따르는 절대 순종형이다. 바가지를 긁는다거나 목소리를 높이는 일은 절대로 없다. 마음 또한 곱다. 모든 사물을 굴절 없이 보며 예술적 감각까지 탁월하다. 그러하기에 나는 그를 통해 세상 바라보길 즐긴다. 이 때문에 그는 내 마음의 창이요. 내 분신과도 같은 존재가 되었다. 또한 그의 특별한 장점은 디지털 분야에 강하다. 하지만 마누라는 실제 예로 휴대전화 하나만 해도 그렇다. 요즘 휴대전화 속에는 실생활에 필요한 기능이 좀 많은가. 그러나 오로지 전화 기능 하나만 사용할 뿐 그 외 인터넷을 비롯해 다른 기능은 사용조차 하질 않는다. 이런 마누라에 비해 그는 현대감각까지 뛰어나다. 디지털 기능을 놀라울 정도로 능숙하게 소화해 낸다. 이런 모든 장점으로 말미암아 내가 그를 사랑하게 된 실마리가 되었다.

나는 요즘 밖에서 그와 함께하는 기회가 잦다. 다정하게 손을 잡거나 행여 다칠세라 등에 업고 다니기까지 한다. 산행도 함께 다니고 때론 사람들이 많이 모이는 행사장에도 거리낌 없이 붙어 다닌다.

이런 내 행동이 마누라는 못내 마뜩찮은 모양이다. 어떤 때는 드러내놓고 불평을 하기까지 이르러 내 속을 뒤집어 놓기도 한다. 소위 질투를 하지 싶다. 여자는 나이를 먹어도 질투심만은 무슨 액세

서리처럼 끼고 사는가 보다. 하지만 한번 빠진 곁눈질을 거두어들이기란 생각처럼 그리 쉽지 않다. 이 점을 나도 은근히 걱정한다.

그러고 보니 그렇게 예쁘고 사랑스러운 그에게도 단점이 전혀 없는 것은 아니다. 마누라는 순 토종 한국인이기에 의사소통이 자유롭다. 그렇지만 그는 달갑지 않은 일본 출신이라는 점과 직접적인 언어소통이 안 된다는 점이다. 그래서 그와 의사소통을 하려면 손가락밖에 없다는 것이 큰 장애물 벽이다. 하지만 그는 내가 그를 필요로 할 때면 언제나 한마디 불평이나 한 치의 오차도 없이 곧바로 움직여준다. 이런 그를 어찌 사랑하지 않을 수 있겠는가. 마누라에게는 미안하지만, 그를 내친다거나 박대할 수 없다. 누가 뭐라해도 나의 각오는 오달질 뿐이다. 마누라와 그가 서로 극한 충돌의 비극이 발생하지 않는 한 사랑하고 지켜줄 것이다.

나는 거리낌 없이 그의 이름을 힘주어 불러본다.

"사랑한다. 디지털 'N'의 D300 카메라"라고.

(2008. 3)

*오달지다: 허술한 데가 없이 매우 야무지고 실속이 있다.
*용쓰다: 무리하게 어떤 일을 해내려고 마음과 힘을 다하여 애쓰다.

밥솥이 두 개인 이유

"백미 일반 밥 취사를 시작합니다."

밥솥에서 울려 퍼지는 인공 전자음성 멘트다. 이 소리가 나오자마자 곧바로 옆에서 "잡곡 쿠쿠가 맛있는 취사를 시작합니다."라는 음성이 또 한 번 주방 벽에 부딪혔다가는 사라진다. 이렇게 그의 집에서는 까만색 '쿠쿠'와 또 하나의 은색 '쿠첸' 밥솥이 작동되고 있기 때문이다.

그가 세 살 때 6·25전쟁이 발발했다. 이때 부모님은 강원도에서 원주를 거쳐 충주 달래강을 건너 충남 아산까지 피란을 내려가셨다. 농사를 짓던 아버지는 피란 중 낡은 바리캉(이발기) 하나를 주워 호구지책으로 이용사로 변신하셨다. 이 동네 저 동네를 다니시면서 피란민과 주민들 이발을 해주고 대가로 양식을 받아와 식구가 연명하였다. 3년여 동안의 피란생활을 접고 고향으로 귀환하여 몇 해 이발소를 운영하셨다. 하지만 수입이 원만치 못해 다시 본래 직업인 농업으로 회귀하시었다.

그 당시 내남없이 모두 어려운 시절이었지만 그의 집은 남보다 더욱 어려움을 겪었다. 기본 재산이라야 논 일곱 마지기가 전부였다. 하지만 근면하신 아버지는 하천부지를 개간하고 화전을 일구어 많은 면적의 농사를 지으셨다. 다행스럽게도 수년간 농사가 잘되어 집도 새로 짓고 농우(農牛)도 사고 농토도 늘리게 되어 가난의 굴레에서 벗어나는가 싶었다. 그러나 60년대 초 큰 수해로 집과 농토를 하루아침에 모두 잃어버리는 재난을 당하셨다. 이 여파로 그는 유소년 시절 순 쌀밥을 먹어본 기억이 별로 없다. 거의 순 잡곡밥이었거나 나물죽 또는 밀가루 음식으로 식생활을 했던 생각뿐이다. 순 쌀밥이라고는 명절이나 조부모님 제사 때와 어쩌다 집에 귀한 손님이라도 오게 되면 그때나 맛을 보았을 정도였다. 그런 실정이었기에 어린 그는 식구들과 밥상머리에 앉으면 얼굴이 자동으로 찡그려졌다. 그때 심정이 오죽했으면 하얀 쌀밥 한번 실컷 먹어보는 게 소원이었다. 이러했기에 그는 쌀밥에 한이 맺혔다. 그가 성인이 되어서도 밀가루 음식과 잡곡밥을 송충이처럼 싫어했다. 요즘 건강식으로 감자, 옥수수, 현미나 잡곡밥이 좋다지만 그는 끝내 식성이 변하지 않았다. 오직 삼시 세끼 흰쌀밥만을 고집하며 칠순 나이에도 한풀이를 이어가고 있다.

아내는 끼니때마다 현미와 잡곡밥을 해놓고 뻔한 잔소리를 해댄다. 하지만 그는 끝내 흰쌀밥 사랑을 꺾지 않고 있다. 결국, 그는 한 지붕 아래 두 식구가 저마다 밥솥 하나씩을 껴안고 산다.

(2017. 4)